どんな相手も
味方になる

感じのよい伝え方

宮本佳実

すばる舎

はじめに

人との会話の中で、こんなことはありませんか？

「あ、あんなこと言うんじゃなかった！　もしかして、嫌われたかも」

と心配になったり、人との間に波風が立つのを恐れて、

「不満はあるけど嫌われたくないし……。私が我慢すればいいか」

と、自分の気持ちを押し殺したりすること――。


みなさん、こんにちは。宮本佳実です。私は書籍の執筆や講演・セミナーの開催のほかに、「新しい働き方・生き方」を提案する仕事をしていて、そこにかかわるお客様や30名ほどのスタッフたちのほとんどが女性という環境で働いています。

そのせいか、よく、

「どうしてそんなにうまく人間関係がつくれるの？」

と聞かれます。

たしかに女性ばかりの職場やコミュニティでは、いざこざや関係性がこじれると
いったことが、頻繁に起こるイメージがありますよね。

もちろん弊社でも、そういうことがゼロとはいきませんが、それでも**良い人間関係をつくる考え方や方法を周知することで、スタッフが自分の意見をしっかり持って生き生きと働いてくれ、**（個人事業主での契約も含みますが）**定着率は90％を超えます。**

「このチームに入ってから、我慢することが減りました」

「人が優しい環境で、自分のしたいことを遠慮なく伝えることができ、人間関係の悩みがほとんどなくなりました！」

と彼女たちから言ってもらえると、とても嬉しい気持ちになります。


そんな私も、かつては人間関係に悩んでいた一人でした。

私がまだ20歳そこそこの会社員時代のこと。会社の派閥の中で、誰とももめたくないと思ってみんなに良い顔をしていた私は、人から「誰の味方なの？」と言われるよ

うになり、心がひどく疲れきっていたのです。その上、機嫌の悪い上司に理由もなくキレられるようなことも度々あり、「会社」と「人間関係」に強い恐怖心を抱いていました。

そうした経験もあって、私はその後、約10年の司会業や、対面コンサル、会社でのチーム作りなどさまざまな人生経験を積み重ねながら、**恐怖心を抱くことなく、気持ちのいい人間関係をつくれるような「接し方」や「伝え方」**を見い出していきました。そして気づくと、多くの方からその**「人に嫌われない会話術」**について知りたいと言ってもらえるようになったのです。

私は現在、話し方のプロではありませんが、実際の職場や生活の場などで良好な人間関係を築くノウハウを知っていると自負しています。

本書では、「綺麗に話すこと」ではなく、**「相手も自分も我慢のない心地よい人間関係を築く伝え方」＝「感じの良い伝え方」**を、みなさんにお伝えしていきます。

手取り14万円だった私がゼロから事業を成長させることができたのは、「あなたと一緒に働きたい」とたくさんの方から言っていただけるようになり、その結果たくさんのお客様、仲間、取引先にも恵まれたからだと思っています。
今では私も人間関係の悩みが激減し、仕事の場でもプライベートでも、心地よい毎日を過ごすことができています。

我慢はしたくないけれど、嫌われたくもない――そんな誰もが抱える一見矛盾した思いを、本書を読むことでプラスの方向に変えていきましょう。

そう、我慢はもうおしまいです。そして「嫌われるかも……」と恐れることとも「さよなら」しましょう。
この本が、これからのあなたの「話す力」の手助けとなりますように。

2023年11月

宮本佳実

どんな相手も味方になる　感じの良い伝え方――目次

第1章 我慢のない心地よい人間関係を築く「伝え方」

第2章

「言いたいこと」を伝えられると人生は変わる

第3章

会話が苦手でも〝好印象〟はつくれる

第4章

伝え方上手は最強のスキル！

第5章 心地よい人間関係をつくる85の「伝え方」

装丁……加藤愛子（オフィスキントン）
イラスト……石山さやか
編集……大石聡子
制作協力……藤原裕美
事例協力……鮫川佳那子

第1章

我慢のない心地よい人間関係を築く「伝え方」

「伝え方」の3つの基本ポイントを押さえよう

それではみなさん、準備はよろしいですか？

いよいよここから、「伝え方」の技術を、楽しみながら少しずつ身につけていきましょう。

第1章では、本書でこれからお伝えしていく「相手も自分も我慢のない心地よい人間関係を築く伝え方」＝「感じの良い伝え方」とはどういうものか、具体的に見ていきます。

ここで最初にあげるのは、その「伝え方」を習得するための次の3つの基本ポイントです（左ページ）。

①「人がどう感じるか」を考える
②「自分はどうしたいのか」を明確にする
③合わない相手はいて当然と心得る

では、これらのポイントについて順を追って説明していきましょう。

大前提は〝我慢〟をやめること

「嫌われるようなことを言いたくない。だから私が我慢をすればいい」

これって、多くの方が持っている悩みの一つではないでしょうか。

「私はこうしたい、こう思っている」と思っても、嫌われたり関係が悪くなることを恐れて言葉にできないでいる……それで「我慢」を重ねていくわけですが、そうしていると、フラストレーションが溜まり、もっと言うと、「自分が本当はどうしたいのかわからない」という状態にまで陥ってしまうケースもあるのです。

あなたはどれに、当てはまりますか?

1いつも自分の言いたいことは言えている
2思うことはあっても、言えないことが多い
3自分がどうしたいのかもわからなくなってきた……

もし今、3の状態だとしても大丈夫! この本を読めば、自分の本当の気持ちが明確になり、それを「感じよく」伝えられるようになりますよ。

「人がどう感じるか」を考えていますか?

「嫌われないかな」と考えているということは、会話をしている最中も、「この人は、私のことをどう思っているのかな?」

と考えている状態です。つまり、**相手によく思われようと気を遣いすぎて、自分の言いたいことが言えない**、ということですね。

それとは逆に、何も考えずに自分の思いをぶつけすぎて、人を傷つけるような発言をしてしまう方もいるかもしれません。もちろんその人に悪気はなかったとしても、まわりから見れば、

「もっとほかに言い方があったよね……」

と思ってしまうようなパターンです。

この2つのケースは、ちょっと見には、

- **自分がどう思われるかを考えすぎている**
- **感情のままに言葉を発してしまう**

と、まったく別のものに思えますが、その行動の本質を探っていくと、

「相手の気持ちを考えていない」

という共通の原因が見えてくるのです。

つまり、17ページにあげた3つポイントのうちの、**①「人がどう感じるか」を考える**ことが大事なのです。

言葉は相手へのプレゼント♡

私が会話をする上でとくに大切にしているのは、次の2点です。

- **相手がどう感じるか**
- **相手が心地よく気持ちの良い状態でいるか**

人から好かれる人は、**相手を喜ばせること、楽しませること、相手の心を軽くすることがとても上手**です。

反対に嫌われる人は、人を傷つけること、苦しめること、落ち込ませることを述べていることが多いのです。

これは本当に単純なこと。誰かに何かを伝えるときは、まずは一呼吸置いて、

「逆に私がこの言葉を言われたら、どんな気持ちになるだろう？」

と、考えてみてください。それだけで、そのあとの「言葉の伝え方」は変わります。

私は起業家なので、売れている起業家さんを大勢見てきましたが、みなさん、人を喜ばせることが本当にうまい！　相手の感情がどう動くかをしっかり考えて、人を良い気持ち、嬉しい気持ちにできるから、人気者になれるし、商品も売れるのです。

相手がほしい言葉を言える人は、人から好かれるし、恋愛でもモテる可能性がとても高いですね。

そう、言葉は相手へのプレゼントなのです！

反対に言葉を自分を守る盾にしていると、人から嫌われることがない代わりに、目の前に大きな壁をつくって真の自分を見せることもできず、その壁の中で、

「誰も本当の私をわかってくれない……」

と、一人苦しむことになってしまいます。

あなたは、人に言葉をプレゼントする人と、言葉で自分を守る人のどちらになりたいですか？

言葉の伝え方のベクトルを変えるだけで、コミュニケーションはもっともっと円滑になっていくのです。

人に優しくても、なめられない会話術を身につけよう

人がよくて優しい人はとくに、

「優しい言葉をかけると、人になめられて損をするのではないか……」

と悩むこともありますね。反対に、

「私の意見はきっと通らないから、もっと強く言わなきゃ！」

と、肩に力が入ってしまうこともあるでしょう。

でも、大丈夫！　自分自身も話し方も、今の優しいままで、人になめられずにしっかりと自分の意見を通す方法があります。

それは――**自分の意思を明確に表すこと**。つまり、17ページの３ポイントのうちの、**②「自分はどうしたいのか」を明確にする**ことが大事、ということです。

そうすれば、今の優しい口調のままで、相手もあなたの言いたいこと（＝本当の気持ち）をきちんとわかってくれるようになります。語気をあらげて強く主張する必要はありません。

「私はこう思っているのですが、どうでしょうか？」

「私はこちらがいいのですが、可能ですか？」

と、自分の意見を明確に表しながら、優しくまろやかな声のトーンと口調で伝えることで、相手に主旨がきちんと伝わります。

自分の考えを曖昧にして、「角が立ちそうだし、どっちでもいいや」「今の状況は嫌だけど、どうしたらいいのかわからないな」という状態だと、相手も「これでいいのかな」と思って事を進めてしまいます。

だから、自分が少しでも「違うな」と思うところがあるのなら、

「実はこの件で、私の中にしっくりきていないところがありまして、どうしたいのかをもう少し考えたいので、お時間をいただいてもよろしいでしょうか。○日までには必ず答えを出します」

と、今の状況を正直に伝えればいいのです。

自分の心の声にしっかりと耳を傾け、気持ちを明確にして、「意見」に落とし込んでおく。そしてそれを相手に優しくまろやかに伝える――この方法さえ身につけておけば、誰に対しても優しく、話し方が穏やかでも、「私、相手のいいように使われているのかも……」と悩むことが激減します。

「私はどうしたいのか？」を常に考えておこう

イライラしたり、なかなか解決できない問題があったりするときは、どう対処したらいいのかがわからなくなって、悩むこともありますよね。その挙げ句、余計なことを言ってしまったり、相手を負かそうと考えたりすることもよくあること。

そんなとき、自分を正当化させるために相手を負かす必要はありません。

まずは、「私はどうしたいのか」「未来、自分はどうなっていたいのか」を常に考えること。そして、その未来がきちんと導き出せるように、自分にとって必要なことだけを言葉にして伝えるようにしていくこと。

「自分を知ること」こそが、人間関係がこじれたときや、何か大きな問題が起こったときに、自分を支える重要な要素になるのです。

「合わない相手」はいて当然！ その対処法とは？

ただ、どんなにこちらが歩み寄ろうとしても、「合わない相手」はいます。

どんなに相手の感情を考えて言葉を発したとしても、関係が良好にならない人もいるかもしれません。

「えー！　それってもしかして、相手に嫌われたままということ？」

実は、そうなんです。なぜなら私たちにとって、この世の中の人全員に好かれることなんて、できないことだから。

つまり、みんなから好かれようと思って、自分の意見を押し殺したり、無理に相手に合わせたりする必要はないのです。

17ページにあげた基本ポイントの③の通り、「合わない相手はいて当然」と心得ておくことが、良好な人間関係をつくる上でとても大事だと思います。

誰にも嫌われたくないと思いながらつくる人間関係は、やはり無理があるし、自分を押し殺すことにつながってしまうのです。

この合う人、合わない人は、17ページのポイント②「自分はどうしたいのか」を明確にし、自分はどんな人間なのかがわかると、よりはっきり見えてきます。そして、自分と合う人と一緒に心地よい世界をつくっていく――。

合わない人とも、敵として張り合う必要はありません。どんな人にも嫌われないようにすることはやめて、**「この人とは合わないな」**と感じたら、距離を置いて、連絡**や会う回数を少しずつ減らしていきましょう。**

私たちは、「みんなから好かれることが正解」と思いすぎてきました。でも、本当は違うのですね。そう捉えた方が、「本来の自分」として、毎日を心地よく、楽しむことができる。

たとえば、私の場合、

「好きなことを好きな時に、好きな場所で好きなだけ」

ということを本やブログ、SNSで発信していますが、

「そんなの無理でしょ」「なんか、ムカつくわー」

と、それを快く思わない人もいました。


もちろん、そんな言葉を面と向かって言われたことはありませんが、耳にしたことはあります。当初は困惑したり、傷ついたり、とても悩みました。

でも、その人たちを、

「私は本当はこういう風にがんばっているんです！　だから、私のことを嫌わないでください」

と説得するより、

「その考え方いいね！」「もっと聞きたい‼」と言ってくれる方との時間を増やしたほうが、何倍もいいし、自分も幸せですよね。

実際に私の場合、無難な意見を持っているときより、「自分が本来伝えたい意見」をはっきり持つようになってからのほうが、「好き！」と言ってくださる方は増えました。同時に、「嫌い」と言われることも増えたのですが……（笑）。

ただそれは、自分自身の考えが明確になったことで、まわりの人に、

「この人はこういう人だ」

ということが伝わって、「好き」「嫌い」「合う」「合わない」という感情を持ってもらいやすくなったのだと思います。

合わない人の対処法

嫌われることを恐れずに

①「合わない」と思うことを自分の中で許す

②少しずつ距離をとる（連絡や会う頻度を減らす）

③感じよく自分の意見を伝えるようにする

本来の自分を見せることで、人から見える「好き」「嫌い」のコントラストもはっきりしたということですよね。

だから、**合わない人、苦手な人がいてもOK。**

あとは、「この人、苦手だな」と認めるだけ。

一緒にいて心地よい人と濃い関係をつくっていきましょう。

イラッとして発した言葉は敵をつくる

会社でも家庭でも、人とかかわっていると、どうしてもイラッとすることがありますね。そんなとき、感情任せにワッと相手に怒りをぶつけてしまった結果、後悔した――そんな経験はありませんか？

人生をそれなりに生きていれば、逆にイラッとした状態を誰かにぶつけられて、嫌な気持ちになったこともありますよね。ここでは、そんな敵をつくりかねない感情が出てきたときの対処法を押さえておきましょう。

まずは合図の言葉をつくって一呼吸置こう

私も常に感じているのですが、敵をつくらない言葉の伝え方を習得するには、

「感情任せに話さない」というこ とが、とても大事です。

イラッとした感情が出てきたら、まずは一呼吸置きます。

それを習慣化するには、**一呼吸置くときの〝合図の言葉〟をつくっておく**といいですね。

私の場合、

「ふむ」

「そうきたか」

など、ちょっとだけコミカルで、すぐに我に返れるような言葉を合図に、イライラした気持ちを落ち着かせています。

相手の良いところを思い浮かべよう

次に、相手の良いところや感謝したいことを思い浮かべます。

私のオススメは、

「あの人はいつも私にこうしてくれるよね。感謝だな」

「こういうところが、この人の好きなところだ」

と、具体的に良いところを考えること。そうすると、イラッとした気持ちがおさまって、たとえば相手に直してほしいことを話す際にも、建設的な意見として優しく伝えやすくなります。

私の場合は時々、日常の中で夫にイラッとしてしまうことがあります。たとえば、彼はよかれと思って洗濯機を普通洗いで回してくれたのですが、その中に、なんと私のお気に入りの洋服が！　手洗い専用の服なのに、乾燥までされていて……。

そんなときは――、

「なにしてくれんのよーーーーー！」

という怒り心頭の気持ちをグッと抑えて、「ふむ」と一呼吸置き、夫の良いところ、感謝しているところを思い浮かべます。たとえば、

「いつもゴミ出ししてくれて、ありがたいな」

「喧嘩しても、必ず謝ってくれるところが好きだな」

という感じですね。そうしているうちに、

「わざとじゃなくて、私のためによかれと思ってやってくれたことだもんね」

と、怒りの気持ちもおさまって冷静になり、夫に伝えるときも、

「これ、別に洗ってほしかったやつなんだよね〜」

と、穏やかに伝えられます。

怒らないときと怒っていいときを分けて考えよう

私の場合、イラッとしたときに怒るかどうかは、

- **相手がわざとじゃなくやったのか**
- **わざとやったのか**

という判断基準をもとに決めています。相手がよかれと思ってやっていて、偶然そうなってしまったり、勘違いだったりするときは、冷静に対応します。

でも、私に対する意地悪だったり、こちらを軽く見てやったりしたことに関しては、感情とともにしっかりと伝えます。**「私、怒っていますよ」ということを、しっかりとわかってもらったほうがいいと判断したときには怒るのです。**

たとえば、相手が何度も同じ間違いを繰り返していて、こちらのお願いした件をいい加減に考えているのが見えたときなどは、ビシッと言わないと伝わらないですよね。「これくらいで許されるだろう。まあいっか」と思われしまっているのがはっきりわかるようなケースです。

そういうときは、**伝えたいことをしっかりとまとめて、冷静に、「本当に困るのでちゃんと対応してほしい」**

と伝えるようにしています。ここで優しさを出してしまうと、同じことを繰り返されることが多々あるので、淡々と伝えたほうが効果的です。

まわりの人に感謝したいことをリストアップ！

イラッとしたときに一呼吸置いて相手の良いところを思い出すと言っても、すぐには思い浮かばないかもしれませんね。

そんなとき、私がオススメするのは、日ごろからまわりの人への感謝をリストアップしておいて、常に意識しておくこと。たとえば、

- ○○さん――いつも優しく接してくれる。毎日の作業を滞りなく進めてくれている
- □□さん――ピンチのときにいつも助けてくれる。頼りになる
- △△さん――私が苦手なことを「好きなことだから」と言って喜んでやってくれている。一緒に働けて嬉しい

と、感謝したいこと、好きなところなどをノートに書き留めておきましょう。

これは一度だけでなく、定期的に更新しながらやるのがオススメです。

というのも私が、

「なんか最近うまくいかないなあ」

「なんだか調子が停滞している気がする……」

と思うときは大体が、「まわりへの感謝」「当たり前のことへの感謝」が足りていないときなんですね。

たとえば「毎日美味しいごはんを食べられている」「お気に入りの家

〇〇さん
何事にもとても誠実に対応してくれて
信頼できる
△△さん
いつも笑顔で接してくれて、
一緒にいると和む
□□さん
仕事を迅速に片づけてくれて、
とても助かっている

に住むことができている」といったことは、当たり前のこととしてスルーしがちですよね。そういうことに対しても1つずつ丁寧に感謝することで、なぜか全体の調子が戻ってきて、

「最近、いいことばかりが起こっているな♡」

ということが多いのです。

「思考は現実化する」と言いますが、**自分のまわりに感謝することで、よりいっそう感謝したいような未来が引き寄せられてきます**。

このまわりへの感謝を常に意識することは、自分の明るい未来を引き寄せることはもちろん、イラッとしたときの感情をコントロールするにはもってこいの方法なので、オススメです。

上手に話そうと思わなくていい

私は、25歳ごろから10年ほど司会者の仕事をしていたので、プロとして上手に話すことは当たり前のことでした。

でもそのせいで、

「上手に話せなかったら、どうしよう……」

「司会者なのに、ダメなヤツだと思われる」

というプレッシャーが常にあって、司会をさせていただくときなどは、いつも「噛まないか……」「間違えないか……」と、ド緊張！

私の好きな作家さんの講演会で司会をする機会があったときも、憧れの人の前なのでなおさら手も足も震える始末。司会者として必死で開会の案内と登壇者のプロフィールをお客様に伝え、演者を呼び込んだあと、やっとの思いで舞台の袖に下がりました。

でも、それと同時に舞台に上がられた憧れの作家さんの第一声は……、

「こんにちはー、○○です！」

という、ものすごくリラックスした声だったのです。


その声を聞いた私は、とても驚きました。大舞台に立っても、数十分前に控室で打ち合わせしたときのまま、自然体で話されていたことが、頭をガーンと殴られたように大衝撃だったのです。

そのとき、

「うまく話そう、綺麗に話そう、すごい人に見られたい……」

なんて思わなくてもいいんだと、心の底から思いました。

今では私も、登壇者として数百人の前に立たせていただく機会がありますが、心がけているのは〝いつもの自分のままで〟お話しすること。

もちろん、私が以前携わっていた司会者の仕事に関して言えば、プロとして、綺麗な声で滞りなく話すことが求められるとは思います。でも、それでも**大事なのは心の持ちよう**なのですね。

「よく思われなきゃ。すごいと感じてもらわなきゃ。上手に話さなきゃ」と肩肘をはる必要はありません。そんな呪縛はもう手放しましょう。

「いつもの私のまま、自然体で伝えればいい」
「私らしく、いつものように落ち着いて！」

みなさんも緊張したら、これらの言葉を繰り返し言ってみてください。リラックスすれば、あなたらしい言葉がスラスラと出てくるはずです。

大事なのはリアクション！

以前私は、仕事で婚活パーティーの場にいたことがあります。その中で、**異性からモテる人の特徴は「リアクションの良い人」**でした。

そこで――、突然ですが問題です。あなたは誰かにプレゼントをあげるとします。そのとき、プレゼントを受け取った相手が、次の2通りのうち、どちらのリアクションをすると、あなたは嬉しいですか？

①「ありがとうございます」とだけ言って、そのままプレゼントを脇に置く。
②「ありがとうございます！　とっても嬉しい！　えー、なんだろう。今開けてもいいですか？」と言って、ワクワクした様子でプレゼントの包みを開け、その感想と自分を選んでプレゼントしようと思ってくれたことに対するお礼を伝える。

――答えは②、という方がほとんどですよね。

人から好かれる人は、相手の性別に関係なく、「自分が人からされて嬉しいこと、人から言われて嬉しいこと」をやってあげられる人です。

「こんなこと、言われたくないな」

「あんな風に言われたら、傷つくな」

ということは、決して口にしません。

私が言葉を発するときは、「自分が言われたら、どう感じるか」ということを、常に考えるようにしています。

言われる側に自分を置いて話を進めることで、相手も自分も気持ちの良い「会話」ができるのです。

人に言われて嬉しい言葉をストックしておこう

人からいただいたプレゼントを開けたあとの感想やお礼は、次のように伝えると、会話がもっともっと弾みます。

「これ、前から気になっていた商品なんです！　こうやって私のことを考えて選んでくださったことがとても嬉しいです。本当にありがとうございます」

「これ、私の好きなもの!!　やっぱりわかってくれてるー！　たくさん使うね。ありがとう」

「自分では選ばないから、すごく嬉しい。また使った感想を伝えさせてね。使うのが楽しみー！」

よく使われる褒め言葉

＼行動／

行動が早い、積極的、活動的、社交的、スマート、集中力がある、創造性が高い、機転が利く、落ち着いている、頼りになる、気配りがある、リーダーシップがある、器用、料理上手、片づけ上手、てきぱきとしている、聞き上手、がんばり屋さん……など

＼性質など／

優しい、明るい、気品がある、親しみやすい、知的、爽やか、清潔感がある、包容力がある、誠意がある、気立てがいい、知的、ポジティブ、可愛い、好奇心旺盛、いやし系、責任感が強い、洞察力が高い、ユーモアがある、センスがいい……など

あなたもぜひ、誰かにプレゼントされたら、これらの「伝え方」を取り入れてみてくださいね。

ではここでまた、考えてみましょう。

あなたがまわりの人から言われて、「うわっ、嬉しい！　そんな風に思っていてくれたんだ」

と感じるのは、どんな言葉？

――「友だち思いだね」「優しいね」「行動的だね」「お料理上手だね」「もの知りだね」「面白いね」「可愛いね」……と、人それぞれ、言ってもらって嬉しい言葉はたくさんありますよね。

その言葉を思いついたら、ノートに書き出しておきましょう。それをたくさんストックしておいて、これからはいつでも相手に言ってあげられるようにしておくといいですね。

前ページの表は、人を褒めるときによく使われている単語を並べたものですので、そのときの参考にしてみてください。

前にも書きましたが、言葉はプレゼント。

- **もらって嬉しかったものは、自分が誰かに贈ってみる**
- **相手が喜ぶ顔を想像しながら、言葉をチョイスする**

これらを意識しながら、ぜひやってみてください。

愚痴や悪口はサラリとかわそう

あなたは、愚痴や悪口など、すごくマイナスなエネルギーを持った話を相手にされたとき、どう対応しますか？

私の場合は、

「そうなんですね。それは腹が立ちましたよね」

と言って、相手の感情にはしっかり寄り添いますが、話の中に出てくる人物が知らない人だったり、その内容が自分の考えとは違ったりするときはとくに、深くは話題に入っていかないようにしています。

もちろん、話を聞いていて、

「それはひどい！」

と思うこともあります。でもそれも、人から聞いたこと。実際に自分がその場で目にしたり、ひどいことをされたりしたわけではありません。

だから、

「そうなんですね。それはお辛いですね」

「気分が悪いですよね」

「大変でしたね」

と、気持ちだけにはしっかりと寄り添って、そのあと悪口の相手の具体的な話がヒートアップしていきそうな場合は、積極的に乗っていかないのが賢明です。

人の愚痴や悪口は自分にとっても相手にとっても負のエネルギー。

そう思って、サラリとかわす力をつけましょう。

自分にとって「生産的な会話」って何だろう？

前の話にもあったように、人の愚痴や悪口は、自分にとっては後ろ向きのものが多いですよね。会話では、その内容が自分にとって生産的なものであるかどうかも、とても大事なのです。

それをまとめると、次のようになります。

- **自分にとってポジティブな良いエネルギーが出せる会話**
- **相手をポジティブな気持ちにさせる会話**
- **問題解決に導くことができる会話**
- **未来に向けたワクワクする会話**

たとえば芸能人のゴシップなどのたわいのない噂話は、たまには楽しいものです。でも、自分のまわりの人の愚痴や噂話、悪口ばかりの会話からは、良いエネルギーは決して出てきませんし、新しいものは生み出されません。

生産的な会話への切替え法

①愚痴や悩みを箇条で出す

▼

②なぜ愚痴りたくなるのか箇条で出す

▼

③本当はどうしたいのかを話す
（この人とは縁を切りたいなど）

▼

④どんな行動をすれば③が実現するか一緒に考えて話す

紙に書いてもOK

「言霊（ことだま）」という言葉があるように、日々私たちが口にする言葉のエネルギーは、自分に返ってきます。

悪いエネルギーの出る生産性のない会話は、ほどほどにしたいですよね。

たとえ愚痴りたくなる場面があったとしても、それをいつまでも口に出しているのではなく、**いったん切り替えてみましょう。**

おすすめなのは、上の手順での会話。一人でノートに書き出しても気持ちがスッキリしますよ。

初対面では2つの基本アイテムで勝負！

「初めて会う人に、どんなことを話したらいいのかがわからない……」

そんな悩みを持っている方もたくさんいますね。

実はこの**初対面では、会話の２つの基本アイテム――「笑顔」と「褒め言葉」を活用することで勝負**できます。

それをどんなテクニックで生かしていくか、見ていきましょう。

笑顔は人を安心させる

「笑顔」は、会話のマストアイテムとよく言われていますね。私もとても大事だと思っています。
私は若いころ、某会社の面接を受けに行ったとき、面接官の女性がずっと真顔だったので、
「この人の下で働くなんて、すごく嫌だな」
と、不安を感じて内定を辞退したことがあります。

そう、**笑顔は人を安心させ、真顔は人を緊張させる**のです。

また、**笑顔は声にも乗ります。**電話口で顔が見えなくても、相手が笑顔なのか、真顔なのかが、大体わかりますよね。

とくに**初対面の場では、笑顔は第一印象を決めるとても大事なアイテム。**
笑顔を見せるのが苦手な人は、鏡の前で自分の顔を映しながら、笑顔づくりの練習をぜひしてみてください。

褒め言葉で良い人間関係を築こう

私は今までたくさんの人との初対面で名刺交換をしてきましたが、優秀なビジネスパーソンは、まず相手のことをさりげなく褒めます。

その褒め言葉は、たとえば、

「そのスーツ、お似合いですね。とても素敵です」

「ネイルのピンクが綺麗ですね」

と、服装やネイル、名前、名刺の紙質についてなど、相手やそのシチュエーションによって、本当にいろいろ。45ページの表の言葉にもありましたね。

「私はあなたに興味がありますよ」

という意味を込めて、瞬時に相手の良いところを見つけて伝えるのです。

「ビジネスでのテクニックかあ」

なんていう言葉が聞こえそうですね。

でも、よく観察してみてください。

できるビジネスパーソンがなぜ優秀と言われるのかと言えば、人間関係の築き方がうまい、気持ちがいい、というのが大きな理由なのです。


褒められたり、認められたりして、嫌な気持ちになる人はいません。

この章のはじめにもお話ししましたが、「人を良い気持ち」にさせるということは、良い人間関係を築く会話には必要不可欠。ですから、**常に人の良いところに目がいくようにしておくことも大事**です。

たとえばテレビを見ているときでも、

「この人の洋服、素敵ね」

「この人の話し方は、優しくて好感が持てる」

といったように、**人の良いところを見つけて褒める練習**をしてみてください。

ただ、なかにはどうしても人の欠点のほうに目がいってしまうという人もいますよね。もちろん、それが悪いわけではありません。

でも、人の欠点を見つけたときは、自分からも「嫌だな」「不快だな」というエネルギーが出てしまいます。

そうした負のエネルギーは自分の未来に反映されていってしまうので、結局は自分にとっても何の得にもならないのです。

初対面の相手との気持ちの良い会話を目指して、「笑顔」と「褒め言葉」をどんどん活用していきましょう。

目指すは〝好感の持てる〟聞き上手♡

私は前述したように10年間ほど、司会者の仕事をしていた時期があります。結婚式の仕事では、結婚式当日の1カ月くらい前に新郎新婦にお会いして、「司会者打ち合わせ」を行っていました。

実際に、司会者として新郎新婦にお会いできるのは、その打ち合わせの1回のみ。しかもたった1時間から1時間半程度の短い時間で新郎新婦に信頼してもらい、お二人のことを以前から知っている代弁者のような立場で式場に立つ必要があるのです。

そこで私は、打ち合わせの冒頭10分間で、**出身地・好きなもの**（音楽、ファッション、趣味など）**・ペットのこと・行ったことのある場所など**が載った新郎新婦のプロフィールシートから、お二人のテンションが上がるような自分との共通ポイントを探っていきました。

会話の相手との共通点を探そう

- 出身地
- 家族のこと（両親、きょうだい、子ども、親戚など）
- 趣味（映画・演劇鑑賞、読書、音楽など）
- 好きな食べ物
- 行ったことがある場所、好きな場所
- 学生時代に夢中になっていたこと
- 興味のあるスポーツ
- ペットのあるなし
- あなたの今の〝推し〟は何?

もちろん、私たちの日常の会話ではプロフィールシートはないので、話していく中で、上の表のようなポイントで共通点を見つけていくことになります。

そこでは、

「もうすぐ週末ですね、休日は何をされていますか?」

「最近、○○の映画がはやっていますね、観られましたか?」

「どんな映画やドラマをよく観られますか?」

といったパターンを持っておくと、最初の会話に困りません。

共通点がありそうなことを見つけたら、

次はその内容を少し深掘りしていきます。

たとえば、

「お好きな映画は『インターステラー』なんですね！　私も大好きなんです。△△が私の感動ポイントでした。○○さんは、どこがとくに好きでしたか？」

という感じですね。

この場合、会話の相手が話した映画を観ていなくても大丈夫。

「その映画、観ていないんですけど、気になっていました。どうでしたか？　どんな人にオススメですか？」

と、〝その映画に興味があること〟を共通点として聞いていくと、話の内容が広がっていきます！

また、

「ペットを飼っていらっしゃるんですね。犬種はなんですか？　私も飼っているんです！　本当に可愛いですよね。お写真、見たいですー」

と、相手の話した内容に、**自分も興味があって共感している**ことを少し伝えたあとに、相手がどのように好きか、どの部分が好きかといった詳しい内容をどんどん話してもらいます。

人は、自分のことをたくさん話せた相手に好感を持ちます。

「この人には、自分のことをこんなに話せたな。楽しかったな。また話したいな」と思ってもらえるのです。

結婚式の司会者をしていたときも、他の仕事でも、「どれだけ相手の方が、会話の中で気持ちよく自分のことを話せるか」という場づくりがとても大事でした。私は何百組もの新郎新婦さんとの一期一会の出会いの中で、この**会話スキル――「初対面で信頼していただく」「話を広げる」**を身につけることができました。

その基本はまさに相手に興味を持ち、相手の好きなことを聞き出していくこと。
自分のことを良く見せるために話すスキルは、まったくいらないのです。

上手に「反応」して会話を盛り上げよう

聞き上手になって会話を盛り上げていくための大事なポイントは、もう1つあります。それは、**聞き手側の「反応」**です。

会話を盛り上げるのは、上手な言葉選びや、気の利いた話し方と思って難しく考えている方は多いかもしれませんが、実は違うのですね。

もちろん、そういったこともスキルの1つではあるのですが、それでは、できる・できないの個人差が出てしまいますよね。

でも、**会話をしていく中での「反応」は、簡単にすぐに実践できて、誰もが会話を盛り上げることができる必殺技**です。

私は会話をするときはいつも、次の3つのポイントを意識して、相手に気持ちよく

聞き手の反応が会話を盛り上げる

感動したときに使う感嘆詞	嬉しさ・驚きを表す言葉
● うわあ♡	● 嬉しいです！
● わわわー♡	● びっくりしました！
● なんとー！	● やったね♡
● おお！	● 素晴らしい！
● まあ♡	● 綺麗ですね〜！
● ほう♡　など	● すごい！　など

話してもらうようにしています。

①感嘆詞を言葉にする
②嬉しさ・驚きの感情を言葉にする
③「ありがとう」はどれだけ言っても言いすぎにならない

①と②の言葉については、上の表に少しだけまとめてみましたので、みなさんもぜひ、このポイントを押さえながら、会話の中に取り入れていってください。

普段の会話が盛り上がること、間違いなしです！

第１章のポイント

「自分はどうしたいのか」を明確にしよう

「私はこうしたい」という思いを
「我慢すればいいか」「角が立ちそう」
と押し殺してしまうと……

↓

- 自分が本当は
  どうしたいのかわからない
- 自分が何をしたいのかわからない
- 誰も本当の私をわかってくれない…

という状態に

↓

＼だからこそ／

自分に何度も問いかけよう
Q 本来の私はどうしたい?
Q 未来の自分はどうなっていたい?

ノートや手帳、
スマホのメモに書き出すのもオススメ

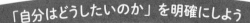

第2章

「言いたいこと」を伝えられると人生は変わる

断る極意！
そう簡単に嫌われないから大丈夫！

「断れずに我慢して引き受けてしまう」というお悩みをよくいただきます。

でも、我慢せずに断っても〝**言い方**〟と、〝**その理由をちゃんと説明する**〟ことに気をつければ、自分がこれからも仲良くしていきたいと思っている人に、嫌われることってほとんどありません。

たとえば私は、友人との旅行は一人でホテルの部屋をとりたいタイプです。でも「旅行は一緒の部屋に泊まるもの」と思う人のほうがきっと多数派ですよね。だからこそ、「別々の部屋で一人で泊まりたいんだけど」とは言いづらいもの。

そんなとき私は、きちんと自分の思いを説明します。

● **旅行自体は一緒にしたいこと**

●日常でも一人の時間が必要なタイプで、ホテルの部屋を一人でとりたいこと

単に「部屋は別々がいいんだよね」とだけ言うと、相手が「私と一緒の部屋はイヤってこと？」「もしかして、遠回しに旅行を断ってる？」と思われるかもしれませんが、**自分の気持ちをちゃんとしっかり説明する**ことで、相手も「そうなんだね」と思えるので、そこからどうするかを一緒に考えられるのです。

その結果、相手の方が「やはり二人部屋がいい」という意見だった場合は、もう一人誘って三人で行くことも考えられますよね（実際にそうしたこともあります）。

そうやって毎回丁寧に伝えていると「ホテル一人で泊まりたい人」というキャラ設定ができあがるので、断りも説明もしなくても良くなる日も来ます。

「ランチを一人で食べたい」「飲み会には行きたくない」「休日は一人で過ごしたい」など、どなたにもそれぞれのスタイルがあるはず。

「普通はこうだよね？」に合わせて、我慢する必要はないのです。

だから、自分の気持ちをしっかり伝えられるように日頃から文章を考えておきま

断る極意

①そう簡単に人は自分を嫌わないと知る

▼

②誘ってくれたお礼は「その人のことが好きなこと」「これからも仲良くしたいこと」を添える

▼

③断る理由を説明する
（自分はこういうスタイル、考え方なんだ、と）

しょう。たとえば「この会社の人のこと大好きで、みんなと仲良くしたいけど、ランチは一人で食べたくて」、というように。

さあ「相手のことが好きなこと」、その上で「自分はこういう考えを持っていること」、これを伝えれば「断る」が全く怖くなくなります!!

ぜひ、まずはノートに自分なりの断り例文を作ってみてくださいね。

「正解」は１つじゃない

ここではまずはじめに、「自分の意見を伝える」ための大事なポイントを言っておきましょう。

それは、**「自分の意見が正解ではない」というスタンスをとること**です。

そもそも、

「私の意見が正解だ！」

「この意見を絶対に通さなければ！」

と、かたくなに思ってしまうと、どうしても語気が強くなって相手に嫌悪感を与えてしまうことになります。

人との会話では、**「自分の意見も相手の意見も、並列の一意見」**。

そのことを念頭に話を進めていくことが、とても大事なのです。ここでは、立場の上下は関係ありません。あなたが上の立場でも下の立場でも同じです。

また、ひとくちに「正解」と言っても、場面やその時々にかかわるメンバーの解釈などによって大きく変わってきますよね。だから、最初から**「正解」はなく、会話の中で意見をすり合わせていくことを、まずは頭に入れておいてください。**

もちろん、職場などで自分が上の立場で、意見をまとめる必要があるシーンもあるでしょう。私も会社では多くのプロジェクトにかかわる「社長」という立場なので、意見を1つにまとめて物事を実行していくことが仕事です。みんなの意見を全部聴いて、すべてを取り入れようとすると、話がまとまらず、実行力が低下します。

そんなときの進め方も、この章ではお話ししていきますので、リーダーの立場の方もぜひ参考にしてみてください。

自分の意見を優しく伝える〝黄金術〟

ここではまず、これまで言いにくいと思っていた自分の意見などを、我慢せずにしっかり伝える会話法をお教えしましょう。それは、**お礼（感謝）、肯定、提案**の３つの要素を入れて会話を進めていくことです。

そこで**最初に相手に伝えるのは、「お礼（感謝）」**です。声をかけてくださったことや、日ごろお世話になっていることへのお礼と感謝の気持ちを伝えます。

前にも述べましたが、「感謝」は丁寧に、その都度伝えていくことが大切です。

「いつもありがとうございます。とっても感謝しています」

と、丁寧に伝えましょう。

そして**２番目に「肯定」**。相手から提案してもらったこと、話してくれたことに対

して、**自分が共感した点や良いと思った点、嬉しかった点などを〝相手を肯定しながら〟伝えます。**たとえば、

「お誘いいただいて、とても嬉しいです。素敵な場所ですね」

「いつも素敵な資料をありがとう。今回も色使いがとてもいいね」

といった感じです。

最後に、**自分の意見を「提案」の形で伝えます。**ここでは、自分の意見であっても、「正解」として出すのではなく、「提案」として出し、「正解」は会話の相手と一緒に決めます。

「こちらは素敵な場所で、とっても行ってみたいのですが、この時間だと間に合わない可能性もあって。確実に時間に間に合う場所ということで、こちらも見つけてみたのですが、いかがでしょうか？」

「今回は、もう少しポップなイメージもいいかなと考えているの。すごくお手間をかけてしまうのだけど、もう少し明るい色に変えてもいいかなとも思っていて。どうでしょう？　試作してみてもらってもいいですか？」

我慢せずに自分の意見を伝える会話法

お礼（感謝）	▶	肯定	▶	提案
声をかけてくれたことや日ごろの感謝を伝える		相手の行動を肯定し、共感しながら自分の感想を述べる		自分の意見を提案として伝える。その答えの正解は相手と一緒に決める

といった感じで、あくまでも「提案」の形をとりながら自分の意見を述べます。ここでは、**「こちらの意見は正しいのだから、こう直してください！」という伝え方をしないのが基本**です。

そこから相手と一緒に「その場の正解」をつくっていく形で会話を進めていくと、誰も嫌な気持ちにならずに、素直に自分の意見を言えるとても良い環境になります。

この会話法を使った「伝えにくいことを伝える方法」を、次の項目から具体的に見ていきましょう。

断りにくいときは「提案」すればいい

急に新しい仕事を頼まれたけれど、今抱えている仕事で手一杯。断りたいけれど、断ったら次の仕事にも影響が出るかもしれないということは、ありますね。

そんなときは、ストレートに「忙しいから無理です」と言うのでも、我慢して安請け合いしてしまうのでもなく、「提案」の形で自分の気持ちをしっかりと伝えます。

「いつもご依頼をありがとうございます。今回の案件もとても興味深く、お声がけいただきまして、とても嬉しいです。ただ、今、あいにく仕事が立て込んでおりまして、納品が○日になってしまいそうなのですが、それでもお引き受けすることは可能でしょうか」

――この例のように、**《お礼（感謝）→肯定→提案》**の順に伝えると、実際に納期などの関係で今回の仕事を受けられなかったとしても、仕事先に「次の仕事はぜひお願いしたい」と思ってもらえます。

自分から断るのではなく、受けられる範囲で提案することで、「お願いするかしないか」の判断を相手に任せる上手な会話術です。

この伝え方は、次の２つのケースでとても有効に使えます。

- **本当は断りたくないけれど、引き受けることが難しい場合**
- **この案件は断りたいけれど、関係を悪化させたくない場合**

自分の場合はどんな会話になるのかを、シミュレーションしておくといいですね。

ダメ出しは「共感」しながら伝えてみよう

部下や自分のまわりの人に、

「注意をしたい」

「直してほしいことがある」

ということが、日ごろの仕事や生活ではよくありますね。

でも、それも伝えづらくて、「私が我慢すればいっか……」と思い、悶々とする
……なんていうこともあるかもしれません。


相手にやめてほしいことがあるときも、「○○しないでください」と、やっていることの否定や悪いところの指摘をするのではなく、《お礼（感謝）→肯定→提案》で次のように言うと、うまく伝わります。

「いつもありがとう。こういうところが、いつもすごいなって思っているよ。次から

は○○を△△にしてみると、もっといいかもしれないね。できそうかな？」

　また、誰かに相談されたときに、「それは違うよね。本当は、こうじゃない？」と、相手の考えを正したくなりそうになったら、次のように伝えます。

「そうなんだね、そんなことがあったんだ。それは辛かったよね。もしかしたらだけど、こう考えたらもう少しスムーズに進んだかもしれないね」

　こうしたケースでは、《肯定→提案》の「肯定」を「共感」にして話すと、相手を否定することなく、良いアドバイスができます。

意見が合わないときは時間を置いて仕切り直し

会話をしているときに、相手と意見がまったく合わなくて、

「なんでわかってくれないんですか⁉」

と、話し合いがなかなか進まないことって、ありますよね。そういうときは、《お礼（感謝）→肯定→提案》の「提案」の伝え方で仕切り直しをするといいでしょう。

「たくさん参考になるご意見をありがとうございます。お互いにとって納得できる方法がないか、今一度私のほうでも案をいくつか考えてみますので、また改めて打ち合わせしませんか？」

——ここで相手を否定したり、無理に話を進めたりすることは、絶対に避けたいですね。こうしたケースでは、いったん問題を保留にして、日を改めてお互いが気持ちよく「YES」と言えるような提案を、冷静になって考えるようにしましょう。

「言わないと気がすまない」のはもったいない！

人は誰もが自分のことを人に理解してもらいたい生き物。

「私の意見をわかってもらえないと、どうしても気がすまない！」とイライラしてしまうときも、ありますよね。

でも、そう思って言葉を発してしまったばかりに、相手を傷つけたり、関係を悪化させたりすることも。

そんなとき、私が掲げている3箇条はこちらです。

①　言っても現状が変わらないことは、伝えなくていい
②　自分のうっぷんばらしのための言葉は使わなくていい
③　相手にわからせようとしなくていい

「自分の意見は正しい！　だからこの案を通したい！」と思うと、誰もが躍起になってしまうもの。でも、それで関係性が悪くなるのだとしたら、もったいない！

前にも述べたように、**そもそも正解なんてないのですから、あくまでも提案として伝えるだけでいい**のです。

そして、この3箇条を胸に置いておけば、大概のことには冷静に対応できるようになります。

世の中には、多種多様な人がいて、いろんな考え方があるからこそ楽しいのです。私も最初からできていたわけではありませんが、多くの仕事で国内外のいろんな方とかかわるうちにわかってきました。

「そういう考え方もあるよね」と、いったん冷静になって、まずはどんな意見も受け入れてみる。

そうすると、人の意見や行動、発言にイライラすることが激減します。

ビジネスでは品の良い言葉を意識しよう

最近、ビジネスの会話やメールなどのやり取りの中で、「ですかね？」という言葉をよく見聞きします。

「○○ですか？」という言葉を少しだけけくだけさせて、話し言葉のようにしたいと思ったときに使いたくなる表現だとは思うのですが、なんとなくぶっきらぼうな言い方に感じて、私は使わないようにしています。

そんなときの**言い換えは、やはり品を持って、**

「○○でしょうか？」

という言葉にしたいもの。

このように、相手にぶっきらぼうな感じに聞こえてしまいそうな言葉を、品のある

品の良い言葉に言い換えよう

●ですかね?	→	**でしょうか?**
●私の親	→	**両親、母(母親)、父(父親)**
●相手の親	→	**ご両親、親御さん、お父様、お母様**
●わかりました、了解です	→	**承知しました、了解いたしました**
●見た感じ	→	**お見受けしたところ**
●確認してください	→	**ご確認をお願いしてもよろしいでしょうか?**
●できません	→	**○○の理由で、残念ながらご対応できかねます**

言葉に変えるパターンをいくつか覚えておくと、会話やメールでのやり取りの際に便利です。

また、文字で伝えるメールなどでは、言葉遣いを間違えると、顔を合わせながら行う会話以上にきつい印象になってしまうことがよくあります。

より柔らかい表現になっているかどうか、とくに気をつけるようにしたいですね。

よく使う言葉の例を上の表にあげましたので、みなさんも参考にして使ってみてください。

お願いごとには〝言葉のプレゼント〟を添えて♡

人への頼みごとをするのが苦手だという声もよく聞きますね。

でも誰でも、人から頼られたり、

「あなただから」

と言ってお願いされたりすると、なんだか嬉しくなるもの。

私の場合、お願いごと、頼みごとをするときは、こんな言葉を伝えるように心がけています。

「○○さんは△△がすごく上手なので、いつも素敵だなと思っていて。この仕事はぜひ（あなたに）お願いしたいのですが、可能ですか？」

人に頼みごとをするときは、
「これ、お願いしたいんだけど」
と、ただぶっきらぼうに依頼するのではなく、その人の能力のことなど、自分が頼みたい理由を褒めながら伝えれば、相手の方もとても嬉しいですよね。

また、
「こういう理由で頼りにしてくれているんだ」
「私だから、お願いしたいと思ってくれたんだ」
と、依頼する側の気持ちも伝わって、相手の方もよりいっそう「がんばろう！」という気持ちになってくれるはずです。

私のプロジェクトは「スピーディに結果を出せるのはどうしてですか？」と聞かれることも多いのですが、それはまわりのスタッフや協力会社の方が活き活きと力を発揮してくださるからこそだと思っています。

大事なのは、

「あなただからこそ、お願いしたいのだという理由」をしっかりと伝えること。

これは、相手の方への言葉のプレゼント♡

「お願いごとはプレゼントを添えて♡」

と、ぜひ覚えておいてください。

コラム１

「人を許すとき」の言葉にも注意しよう

相手がミスをして**謝罪してくれたときの返答にも「感じの良い・悪い」が出ます。**たとえば謝罪してくれた相手に「終わったことなんで、もういいです」と、ぶっきらぼうに言ってしまうと、「やっぱりまだ怒っているんだ。この人といると、緊張するな」と、相手に思われてしまいます。

そんなときはまず、**自分がどんな風に言われたら、「本当に申し訳なかったな。私が悪かったのに、こんなに感じ良く対応してくれるなんて。今度はこの人が喜んでくれるようにやろう」と思うか**を考えます。

私であれば――、

「こちらにもいたらないところがあり、すみませんでした。今後こういうことがないように、一緒に改善策を考えましょう」

「改めて謝罪してくれてありがとう。わからないこと、もちろんあるよね。〇〇な結果を招くことにもなるかもしれないから、次からは△△のように対応するといいかも。私も間違えたこと、あるよ。一緒にがんばろう！」と言ってもらえると、安心しますし、この言葉の優しさに、「本当に申し訳なかったな」と、さらに思います。

冷たい言い方で相手に悪いことをわからせる方法もありますが、今後も付き合っていきたい相手ならとくに、**「この人が好き」「もっと一緒にがんばりたい」という前向きな気持ちで物事とリンクしたほうが、さまざまな生産性はアップします。**

また、相手に冷たい態度をとると、自分がミスをしたときに顔向けができないことも。謝れないからミスしたことを隠し、それがバレてしまったときに、「あの人、自分がミスしても謝らないじゃん！」と思われることもあるかもしれません。

ミスをしない人間はいません。
だからこそ、相手のミスにも自分のミスにも寛容に♡

第２章のポイント

「自分と相手の正解」を一緒につくろう

我慢をやめ「こうしたい」
「これをやりたい」を伝えると、
好きなことができる人生になる！

↓

＼ココが大事／

- 「自分の意見が正解ではない」スタンス
- 「意見を絶対通す」と意固地にならない
- 自分の意見も相手の意見も、
  並列の一意見

↓

＼その上で／

- お互い気持ちよく「YES」と言える
  提案を考える
- 会話の中ですり合わせる
- 相手と一緒にその場の正解をつくる

パートナーとも、勝ち負けじゃなく
二人の正解を探すのがコツ

第3章

会話が苦手でも〝好印象〟はつくれる

マウントは捉え方しだいでなくなっていく

女性が多い環境にいると、何だかマウントをとられたような気がして、嫌な思いをすることもありますね。私のところにも、ご相談がよくきます。

私は、**マウントは受け手の捉え方しだいで変わる**と感じています。

「私、あなたよりこんなにすごいんだよ！」

と自慢されると、あまり良い気はしないとは思います。

でも、それを逆に、

「そうなんだ！　すごいね！」

と言って、素直に相手と一緒に喜んであげる。

そうすると相手にとっても、

「もっとすごいことを言って、この人に認めさせなきゃ」
という思いが減っていき、マウントをとる必要性がなくなってくるのではないかと思うのです。

マウントをマウントで対処しても、根本的な解決にはなりませんよね。

必要なのは、相手の自慢したいことや、人に「すごい」と認めてほしいことを、一緒に喜び褒めてあげること。

では、どんな心持ちでいれば、そう思えるようになるのでしょうか。
次の項目からお話ししていきましょう。

まずは今の自分を満たしましょう

あなたは、どうしたら相手が、

「どうだ！　こんなに私は幸せなんだ！」

とマウントしてくることにも、

「わあ！　素敵」

と、喜んであげることができると思いますか？


答えは、今の自分に満足して幸せを感じることです。

「〇〇さんにマウントされまくって、ほんと、嫌になる！」

「あの人と会うのが嫌で嫌でしょうがない」

というときこそ、

「ちょっと待てよ」

と、いったん冷静になって、自分の身のまわりのことや、毎日の生活のことを振り返ってみる。そして、その毎日の中から「今の自分の幸せ」をしっかりと感じるようにする――それが対応策です。

この今の幸せを感じるとは、
「今、しっかりと呼吸をして生きている」
「毎日、ご飯を食べられている」
「お布団で寝られている」
「大好きな家族がいる」
……と、普段当たり前すぎて意識しなくなっていること１つひとつに感謝して、そのありがたさに満たされること♡

普段から自分自身や自分の人生のことを

誰かと比べて、

「私にはあれも足りない、これも足りない」

と思っていると、

「私も、もっとこうしなきゃ！」

「私だって、もっとあれがほしい～」

「もっとこうなれるはずなのに……」

という気持ちが強くなり、何かを喜んで言ってくる人に対しても、

「マウントをとられている！」

と感じてしまうのですね。


だから、まずは今の自分の幸せを感じることが大切なのです。

私自身、手取り20万円以下だったＯＬ時代も、ゼロから一人で起業したときも、常に小さな幸せをみつけて感謝し、自分を満たすようにしてきました。それが今の、優しく豊かな人間関係の起点になったのだと思います。

苦手な人から少し離れてみよう

そして、もう１つ大事なのは、**いつもマウントをとられて気分が悪いと感じる相手とは距離をとる、という選択肢があることを頭に入れておくこと。**

相手との会話の感覚が、どうしても自分と合わないことはあるのです。それは良い悪いではなく、自然にあることなんですね。だから、

「この人の話、なんか嫌だな。話を聴いていると、なんだか気分が落ち込む」と感じたら素直に、

「私、この人のことが苦手なのかも」と認め、その人との距離を少し置いてみましょう。

第１章でもお話ししたとおり、全員と良好な関係をつくる必要はありません。私たちは一人ひとりみんな違うのですから、誰にだって「合わない人」はいるのです。

最初はどんな意見でもいったん受け入れる

人と会話をしていると、

「それは私と違う意見だな」

「その考え方、間違っていない？」

という場面が出てきたりしますよね。たとえば仕事での会話だと、部下や後輩の言葉に、「それは違うだろう」という気持ちが芽生えてきて、すぐに訂正したり、論破したりしたくなるかもしれません。

そんなときに私が心がけているのは、

「まずは一度、受け入れる」

ということです。

「そうなんだね」

「うんうん、こういうことね」

と、一度相手の提案してくれた意見や主張をじっくり受け取ります。その上で、

「私は◯◯だと思うんだけど、この考え方はどうかな？」

と、こちらからも提案を投げかけながら、話し合いを深めていきます。

結果として、双方が出した提案とは別のものになったり、私が最初から考えていた内容になったりすることもあります。でも、頭ごなしに否定して自分の意見を押しつけるより、相手も嫌な気持ちを抱きづらいはずですし、こちらに対しても、

「理解してもらえた」

という気持ちにもなってもらえるので、その後の会話がスムーズに進みます。

相手の意見が自分と違っていても、「間違っている」と感じるものであっても、まずはいったん受け入れ、批判・否定は極力しない——このルールを決めて実行している限り、敵のほとんどいない世界に身を置けると、私は自負しています。

最高のパフォーマンスを引き出す伝え方

「こうに決まっているでしょ！　こうしてよ」

と、こちらが強い立場でいると、相手は、

「間違ってはいけない、失敗してはいけない……」

と、どうしても緊張してしまいます。

どこの世界にも「正解」のようなものがあって、そこから外れてはいけないと思うと、人は緊張してしまうもの。

ただ、緊張しすぎている人と良好な関係を築くのは難しいですね。働く場で言えば、上司に怒られないように機嫌をとってビクビクしながら仕事をすることになると、その人の最高のパフォーマンスが発揮できなくなり、とてももったいない！

もちろん、緊張感がまったくなく、だらけてしまうのはよくありません。でも、相

相手の力を引き出す会話

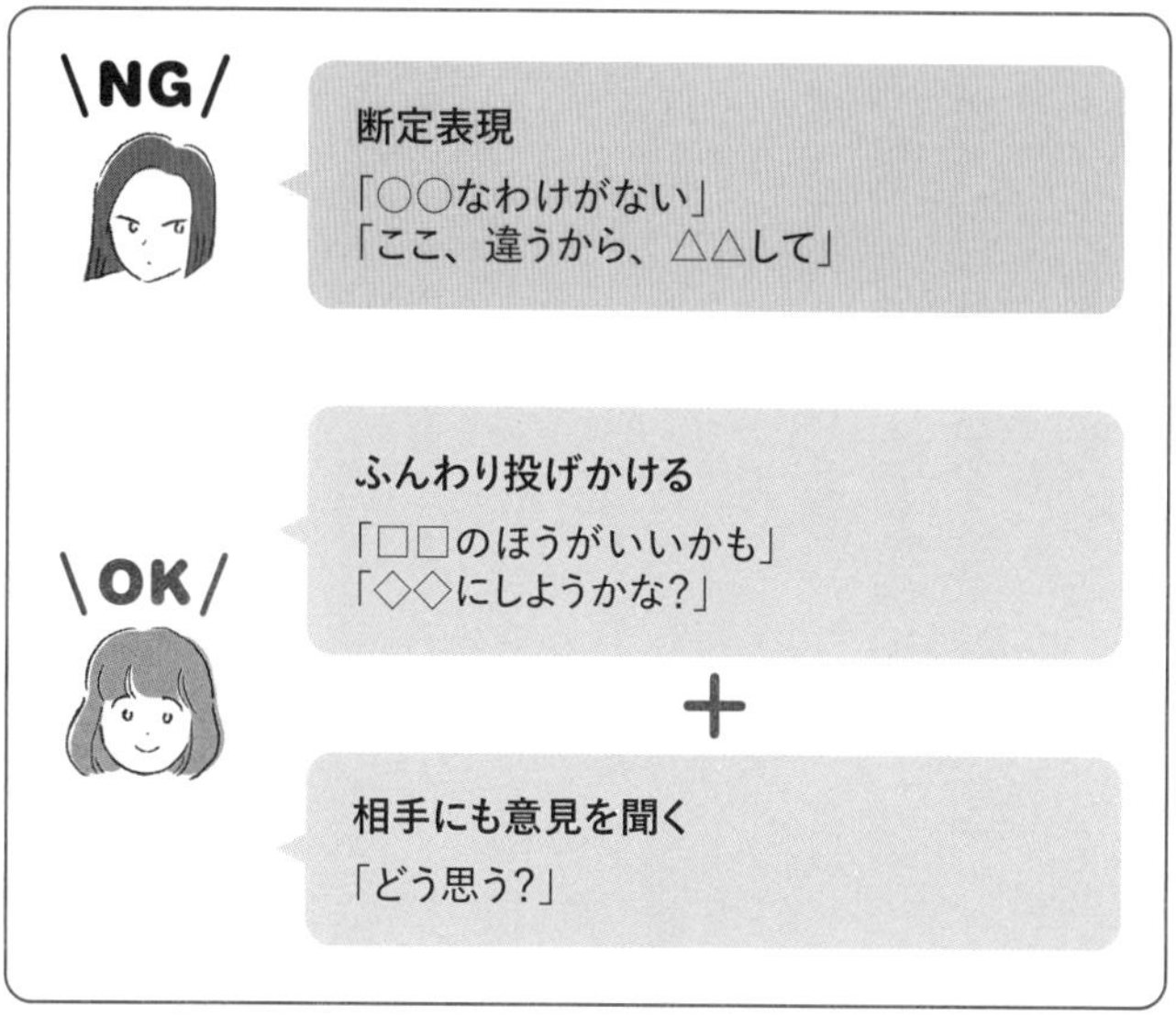
\NG/
断定表現
「○○なわけがない」
「ここ、違うから、△△して」
\OK/
ふんわり投げかける
「□□のほうがいいかも」
「◇◇にしようかな？」
＋
相手にも意見を聞く
「どう思う？」

手が**〝その人らしく〟最良の力を発揮できる環境**は、会話での伝え方しだいでつくれます。

私の場合、相手の意見を否定せず、あくまでも提案としての私の一意見を伝えて、相手にもさらに意見を言ってもらうようにします。

そうすると、相手も「正解を言わなければいけない」という緊張感がなくなり、自分の最良のパフォーマンスを出しやすくなるのです。

否定の言葉が出そうになったら言い換えを♡

ただ、相手がとんでもなく間違った意見を言ってきたときは、

「その考え、まったく違う！」

と、思わず否定の言葉が出てきそうになるのは当然のこと。


その場合は、まずは一呼吸置いて、次の言葉に置き換えて伝えましょう。


「そういう考え方もあるね」

「私には思いつかない考え方かも」

「それぞれの考え方があって、面白いね」

何度も言いますが、

「自分の意見が正解」とは思わない。決めつけない。

そのスタンスを用いて会話をしましょう。

「私の意見はこうだけど、あなたの意見もいいね」と、自分だけではなく相手のことも認めた上で接することで、もっともっと人とのコミュニケーションがとりやすくなっていきます。

そのためにも、右ページにあげた３つの例のように、思わず出てきそうな否定の言葉の言い換えパターンを、常に準備しておくといいですね。

そうすれば、味方が増える会話をどんどんできるようになっていきますよ！

アイ・メッセージで〝思い〟を柔らかく伝えよう

職場やコミュニティなどで何か提案をするときに、

「普通、〇〇だよね？」

「こういう場面では、こうでしょ」

「こうするに決まっているよね」

と、一般論や常識で伝える人がいますよね。

でも、これらの伝え方は、相手にとっては、その人自身の意見を否定するきつい言葉に感じてしまうかもしれません。

それに、そもそも一般論を持ってきたら、その場の具体的な問題は何も解決できませんよね。「正解」なんて、どこにもないのですから。

そんなとき私は、**アイ・メッセージ（I Message）**を使っているようで、「だから佳実さんからの依頼は、変な緊張をしなくていい」と、まわりの方から言っていただいています。

これは、**「私はこう思う」と、自分を主語にした「提案」の伝え方で、自分の一意見として、相手に柔らかく伝えることができる手法**です。

たとえば、

「私は○○と思うのですが、いかがでしょうか？」

「私は、こういう意見もあっていいなって思ったんだけど、どうかな？」

という具合に使うと、自分の意見を述べながら、ワンクッション置いた伝え方になるので、相手に柔らかい印象を与えます。

ぜひ、意識して使ってみてください！

相手に自慢話ととられない2つの裏技！

相手に自慢したいわけじゃないけれど、

「聞く人によっては、そう聞こえてしまうかな？」

と、心配になるシーンがみなさんにもきっとあるはずですね。


ここでは、そんなときに使える会話術を2つご紹介しましょう。

〝人からの評価〟というニュアンスで伝えてみよう

1つ目の会話術は——たとえば私は、人から褒められて嬉しかったことを誰かに言うときは、基本的に次のような伝え方をしています。

「よく○○と言っていただくことがあるのですが……」

「嬉しいことに、△△とお褒めの言葉をいただくことがありまして」

これは、相手にとって自慢に聞こえてしまいそうな話の内容の前に、「まわりから言っていただくことがあって」という「前置き」を付け加える裏技。

人からの評価というニュアンスを加えるだけで、自慢話に思われそうな内容も、伝えやすくなります。

「すごく嬉しかったこと」として照れながら伝えてみよう

2つ目は、自分の過去の実績を相手に自慢話ととられないように、うまく伝える方法です。

以前私が受けた質問で、

「嫌味に聞こえないように自分の実績を伝えたいときは、どうしたらいいですか？」

というのがありました。


たしかに、相手に自分のことをわかってほしいときや、

「これ、すごく嬉しかったから、自慢話に聞こえちゃうかもしれないけど、聞いてほしいな」

ということって、誰にでもありますよね。

そんなときは、

「嬉しいことがあったので、聴いてもらっていいですか？」

と先に相手に言って、そのあとちょっと照れながら実績を伝えると、あからさまな自慢話に聞こえにくいので、オススメです。

また、

「こんな辛いことや大変なことがあったんです」と、成功談や嬉しかったことと一緒に、苦労話や大変だったことを伝えると、共感が生まれ、相手も素直に受け取りやすくなります。

幸せ自慢を始める合い言葉♡

自慢話にとられないようにする「伝え方」の話とは少しずれますが、正直なところ私は、

「ちょっとだけ自慢したいから、聴いてもらいたいな」

という思いや嬉しかったこと、成果などをシェアできる環境は、すごく素敵だなと感じます。

日本では失敗や不幸の話をしたほうが人に好かれる傾向があって、「幸せ自慢」よりも「不幸自慢」をしなきゃいけないと思いがちですよね。それこそ、「幸せ自慢」

をすると「マウントしてきた！」と思われることも。ただ、嬉しかったことを話したいだけなのに……。

無難な話をしたほうが、まわりの人との協調性がとれる、ということだと思うのですが、**自分がいつも一緒にいる大事な人たちとは、正直に自分らしく、「幸せ自慢」ができる環境をつくりたい**ものですよね。

自分の幸せを喜んでくれる人たちに囲まれながら人間関係をつくっていけたら、それほど嬉しいことはありません。だから、「不幸自慢」は聞きたいけれど、「幸せ自慢」はするなと言う人たちとは、もう関係を深める必要はないのかもしれません。

人生は限られています。こちらが敵意や嫌悪感を出したわけではないのに、嫌ってくる相手や、「違うな」と思う相手より、お互いに「好き」「心地よい」と思える人たちと大事な時間を過ごしたいですよね。

「どうだっ！　すごいでしょう」

と、あからさまに自慢するのは、もちろんナンセンスですが、「幸せ」を自然にシェアできる人間関係って、すごく素敵♡

だからあなたも、まわりの人たちとの会話で、「幸せ自慢」をし合えているかどうかを振り返ってみてください。

そこでもし、「できていないな」と思うのであれば、次にあげる**「幸せ自慢を始める合言葉」**を使って、自分からそのコミュニティを広げていきましょう。

「ちょっと嬉しいことがあったから、シェアしてもいい？」

「最近どう？　嬉しいこととかあった？」

そして、仲間から幸せ自慢を聴いたら、

「えー！　すごい！　それでそれで？」

「その話を聴けて、私まで嬉しくなっちゃった！」

「また嬉しいことがあったら、聴かせて♡」

と、優しい世界をどんどん広げていきましょう。

第３章のポイント

自分を満たして、相手を認める余裕を持とう

身のまわりの「当たり前」に
1つひとつ感謝。
自分の今の幸せを、しっかり感じましょう。

↓ すると、心に余裕ができて ↓

- マウントされても「すごいね！」「素敵」と、一緒に喜ぶ言葉を返せる。

↓

マウントがなくなっていく。

- 否定したくても「あなたの意見もいいね」と認められる。

↓

敵がいなくなり、味方が増える！

イライラや孤立とは無縁に

第4章

伝え方上手は最強のスキル！

みんなの夢を叶える「できるできる！」

これまで私は、「好きなことを仕事にする」「憧れだったマンションに住む」「本を出版する」など、以前の自分にとっては信じられないようなたくさんの夢を叶えてきました。実は、そのスピードを上げた魔法の言葉があります。

それは――**「できるできる！」**

誰もが理想を描くことはできても、その途中で、

「私には無理かも？」

と、ついつい思ってしまいますよね。まわりからも、

「それは無理だよ」

と言われることだってあると思います。

私にも、そんなときがたくさんありました。でも、自分に、

「きっとできる！」

と声をかけ、励まし、ここまでやってきました。

転職や起業で少しずつ自分らしい仕事やライフスタイル、人間関係を叶えてこれたのです。

そして、自分の夢を叶えられるようになったら、今度は誰かの理想を聴くことが多くなりました。

そんなときも私は、その誰かの夢に向かって、

「できるできる！」

といつも言っていたんです。なぜかと言えば、私もその言葉を言い続けることで、夢を叶えてきたから。

誰かと話をしているときも、私が、

「あなたには、できるできる」

と言うと、

「私にもできるかも？」

と思ってくれるようになり、その後、

「やってみたら、本当にできました！」

と言ってくれる方が増え、「できるできる」の言葉の本当の効力を知りました。

それからです。私自身、「ちょっと無理そうかな？」と思える理想をまわりの人に言うと、みんなが、「できるできる！」と言ってくれるようになったのは。

そこから、私の理想を叶えるスピードは格段に上がりました。そして、

「佳実ちゃんならできる！」
と私を認め、可能性を信じてくれる人ばかりがまわりにいるようになり、仕事でもプライベートでも否定のない〝優しい世界〟で人間関係が築けるようになりました。

そうです。

あなたも、「できるできる」という言葉を、まずは自分に言ってあげましょう。
そして、まわりの人の理想や夢にも、「できるできる」と言ってみましょう。

また、あなたがもし、自分の理想を叶えられる人になりたいのなら、実際に夢を叶えた人たちの言動を見て、自分の行動に取り入れていくといいですね。

そのためにもまずは、魔法の言葉「できるできる」を今日からたくさん言ってみる、というのはいかがですか？

失敗談は相手との距離をグッと近づけるアイテム♡

夢に向かって進んでいる人にとって、失敗は必ずついてくるもの。だから、いろいろな方のお話を聴いていても、

「失敗したくない」

という言葉をよく耳にしますね。


でも私は、失敗したり、うまくいかないことがあったりするときは、

「また話すネタが増えちゃった」

と思います。


失敗談は誰と話していても会話が盛り上がるし、

「そんな経験もされているんですね」

と、相手に親近感も与えやすいのです。

また、誰かにアドバイスを求められたときも、ただ成功したことを話すよりも、

「私ももちろんこんな失敗もしたよ。気持ち、わかるよ」

と言ったほうが、相手も、

「○○さんも、そんなことがあったんだな。私もがんばるぞ！」

と思ってくれやすいですよね。

人に注意をするときなども、

「私もそういうことあったから、すごくあなたの気持ちがわかるんだけど、ここには気をつけたほうがやりやすいよ」

と、相手に共感しながら気をつける点を伝えると、きつい印象を与えません。


誰もが失敗をしたくないと思う気持ちはあるでしょう。でも、言ってしまえば失敗は人生における単なるデータの１つですし、それよりも何よりも、**相手との距離をグッと近づけてくれる隠しアイテム**のようなものなのです。

弱みをさらけ出せる人が味方をつくる

失敗に関連してもう1つ言うと、私がたくさんの方を見てきて思うのは、多くの人から応援されるような素敵な人ほど、自分をいじれるんですよね。

「この前、こんな失敗しちゃったの」
「私、これ苦手なんだよねー」

と、笑って話してくれる人のまわりには、いつも人がたくさん集まります。

世の中の成功者にはいろんなパータンの方がいて、成功談やご自身の正論のみを話すというスタイルの方ももちろんいらっしゃいます。そうした方々は多くの人に憧れられ、世間に有益な情報を与えることができて、とても素晴らしいですよね。

ただその一方で、今は「応援される人」も多くの支持を集める時代。

YouTuberなどのインフルエンサーたちも、もちろんたくさんのファンがいて、その多くは「フォロワー」と言われる、発信する側の人柄を知って応援する人たち。

これは失敗談の場合と同じで、自分の人柄を出していくことでファンたちとの距離がグッと縮まり、

「この人のことを応援したい！」

「何かあったら、力になりたい！」

と、まわりからたくさん応援される可能性が高いのです。

この本のテーマである「心地よい人間関係を築く伝え方」の「心地よい人間関係を築ける人」とは、まわりの人と喜びも苦しみも分かち合える人。

つまり、人に好かれて、みんなから、

「何かあったら、すぐに駆けつけます！」

と言われる存在なのですね。

失敗を何度も重ねながら自分の弱みを知って、それをまわりの人にさらけ出して伝えられる人のところに、〝味方〟は集まるものなのです。

共感の言葉は〝優しい世界〟を広げていく

〝優しい世界〟をつくろうとして、

「みんなを応援しよう！　優しい言葉を使おう！」

と自分では思っていても、愚痴やネガティブなことを人から相談されて、対応に困ったら、あなたはどうしますか。

そんなときは、「同調」ではなく「共感」をすると、その話の内容には一定の距離を持ちつつ、話してくれる相手の気持ちに寄り添うことができます。

この「同調」と「共感」には、次のような違いがあります。

- 同調――相手の〝言うこと〟に同意して、「そうだね。それはむかつく！」と言う
- 共感――「それは悲しかったね」「辛いよね」と、その人の〝気持ち〟に寄り添う

愚痴や悪口などのネガティブな話は、同調すると、際限なくどんどん膨らんで止まらなくなります。もちろん、たまのちょっとした愚痴ならば、会話のスパイスになるとは思いますが、誰かのことを悪く言うことに時間を割くのは、それこそ時間の無駄。第1章にも出てきた「言霊」の観点から言っても、良いことはありませんよね。

だから、**誰かとの会話の中で愚痴や悪口などのネガティブな話が出てきたら、この「同調」と「共感」の違いを思い出し、相手の気持ちにフォーカスして「共感」を伝えるようにしましょう。**

そうすれば、ネガティブな話をそこで終わりにして、今後その相談者が愚痴の相手との関係をどのように変えていけばいいのかという、生産的な話に展開していけますね。その先には、ネガティブな思いのない〝優しい世界〟が広がっているはずです。

この共感する言葉の使い方は、次の第5章にOK例としていくつもあげていますので、職場や家庭、友だちなどとの間でぜひ使ってみてください。

コラム2

感じの良いお願いの仕方

「こんなことお願いしたら、うっとうしいと思われるかも」と悩んでしまう方は、まず前提として、「お願い」もこちらからの〝提案〟ということを忘れないことがとても大切です。絶対に思い通りにしてやる!!と意気込んで発言するのではなく、「私はこう考えているのですがどうでしょう?」という自分の意見を伝えましょう。そのとき私が大事にしているのは、「簡単に断ることもできるようにする」ということ。

たとえば、お誘いの場合は日時を指定すると、「予定が合わない」という理由で断りやすくなります。「今度、ここ行かない?」というように日時が未定だと、予定を合わせればいつでも行ける状態なので、「そこには行きたくないけど……」と言いづらい方もいらっしゃるはず。

「断りやすくお願いする」。これは、私がいつも心がけているお願いの仕方です。

コラム3

人の紹介は「最大限の魅力」を伝えよう

誰かと誰かを紹介する立場に立った時、私が心がけていることは、「その方々が一番伝えたいだろう情報」をお伝えすること。

P102、P208などでも書きましたが、人は自分から「こんなすごいことを成し遂げたんです！」とは、言いづらいもの。

ですから代弁者として、「○○さんは、お店を経営されていて、テレビで取材されたこともあるんですよ！」「△△さんはフォロワーが10万人もいるんです!!」などとお伝えします。

「テレビで紹介された」等、ご自身では言いにくいことを、こちらが伝えることで「言いたいこと言ってくれて嬉しいな」と思ってもらえますし、紹介相手にも「そんな素敵な人を紹介してもらって嬉しい、ありがとう」と感謝してもらえるので、良いことばかりです。

第４章のポイント

相手と応援し合える関係になろう

①励ます言葉

まずは自分で自分を「できるできる!」と励まし続ける

↓

人の夢も「できるできる」と励まし、叶ったら一緒に喜ぶ

↓

まわりの人もあなたを応援してくれるようになる

②失敗談や弱み

時には相手に語ったり、笑いながらさらけ出してみる

↓

- アドバイスや成功談に親近感が出る
- 注意するとき、キツい印象が和らぐ
- 「力になりたい」と思ってもらえる

↓

何かあったとき、味方が集まってくれるようになる

この2つを
会話に添えてみて

第5章

心地よい人間関係をつくる85の「伝え方」

さまざまなシーンで自分を優しく伝える言葉を身につけよう

さあここからは、相手も自分も嫌な気持ちにならずに、心地よい人間関係を築くための具体的な伝え方を、1から10の項目別にご紹介しましょう。ここでは、

NG例——普段私たちが使ってしまいそうなNGワード

OK例——言いにくいことを、相手に嫌な印象を与えずに上手に伝える言葉

の2つのパターンで展開していきます。

うまく伝えるためのポイントも載せていますので、チェックしながら、毎日のシーンに活用してください。

事例は全部で85。これを習得すれば、あなたのまわりには、きっとたくさんの味方が集まっているはずです！

1

断る

伝え方で最も難しいのは「断り方」。
やりたいことは我慢したくないけれど、
相手も自分も嫌な思いをせずに断るにはどうしたらいいんだろう?
そんなあなたに、上手な伝え方をご紹介します。
仕事の場だけでなく、普段の生活の中でも活用しましょう。

1

一人でランチを食べたいのに仕事仲間に誘われたとき

\NG/

私、一人で食べたいんです。

「今日は」一人で食べたいとき

\OK/

わあ、誘っていただいて嬉しいです。ですが、今日は片づけたい仕事があるので、一人で食べますね。明日はぜひ一緒に！

point

人からの誘いを断るときは、第2章でご紹介した《**お礼**（**感謝**）**→肯定→提案**》を使うと、相手に嫌な思いを与えず、自分の意向もきちんと伝えられます。このケースでは、「感謝」のあとに**断る理由**を述べて、**いつだったら可能か**を伝えましょう。

今後も一人で食べたいとき

\OK/

誘ってくださって、ありがとうございます。
でも私、子どもがいて、家では一人で
食べる時間がなかなかとれないので、
一人で食べてもいいですか？

\OK/

誘ってくれてありがとう。
とっても嬉しいのですが、
私、ランチは一人で食べたい派なんです。

point

感謝を述べた上で、ランチを一緒にできない理由をきちんと伝えると、断りやすくなります。また、**何度も断り続けている**と、「一人で食べたい人なんだな」と、相手も察してくれるようになります。**「ランチは一人で食べたいキャラ」を確立**しましょう。

2

好みではない提案をされたとき

＼NG／

それ嫌いです。

＼OK／

そちらもとても素敵なのですが、こちらのほうが個人的に好みで、こういう形で進めても大丈夫そうでしょうか？

point

たとえば洋服屋さんなどでも、好みじゃない提案をされて「どうしよう、断れない」と思うことありますよね。そんな時は**素直に自分の好みを説明**すれば大丈夫！ **いただいた提案も素敵なことをお礼として伝え**、自分の好みを言ってみましょう。

3 忙しい中で仕事を頼まれたとき

\NG/

今、忙しいんですけど……。

\OK/

いつもお声がけをいただき、
ありがとうございます。
ただ、今はいろいろと立て込んでいるので、
期日が○日になってしまいそうですが、
よろしいでしょうか？

point

語尾を疑問形にすると、言いにくいこともソフトに伝わります。「ここで待ってください」→「**こちらでお待ちいただいてもよろしいでしょうか？**」。「○○だと思います」→「**○○だと思いますが、いかがでしょうか？**」と、さまざまなケースで活用しましょう。

4

自分のスキルが足りず、できない仕事を頼まれたとき

\NG/

私には、こんなのできません。

\OK/

声をかけてくださって、とても嬉しいです。
すごくやりたい気持ちはあるのですが、
私のスキルがまだ追いついていないので、
今回は見送らせてください。
今度お声がけいただいたときに自信を持って
お引き受けできるよう、精進いたします。

point

まずは声をかけてもらったことに感謝ですね。そしてただ断るのではなく、「今後お引き受けできるよう精進したい」と、前向きな言葉を添えましょう。仕事の場合はとくに、断って終わりではなく、**「今後に向けた前向きな姿勢」を伝えたい**ですね。

5

やったことのないこと、苦手なことを頼まれたとき

\NG/

これは、やりたくないです。

\OK/

相手が断れる立場の人の場合

私、今はそのお仕事はお受けしていなくて、とても残念です。私のことを思い出してくださって本当に嬉しいです。またお力になれることがあれば、ぜひお声がけください！

\OK/

上司からの依頼など、断りにくい立場の人の場合

この仕事をやったことがなく、うまくできるかわかりませんが、一度挑戦してみてよろしいでしょうか。わからないことがあれば、まとめておうかがいできると嬉しいです。

point

こうしたケースでは、「**うまくできるかわからないが、全力でやってみる」ことを先方に伝えておく**と、プレッシャーが半減して本来の力を発揮できます。また、**事前に「質問させてもらうこと」を伝える**ことで、途中の不安や行き詰まりを解消しやすくなります。

6

断れず「YES」と言ってしまったことを、あとから「やっぱりNO」と言いたいとき

＼NG／

あれ、やっぱりナシでお願いします。

＼OK／

あの時「いいかも」と思い、お受けしてしまったのですが、改めて考えて、やはり自分には合わないかなと感じまして。大変申し訳ないのですが、お断りしてもよろしいでしょうか？

point

こちらも**正直に自分の気持ちを話し**、お断りしても大丈夫！　これからも関係を続けたいと思うような方なら、わかってくれます！

7

友人から興味のないイベントに誘われたとき

\NG/

ちょっと忙しくて、ごめんね。

\OK/

お誘いありがとう。
そのイベントの内容はあまり興味ないかも。
せっかく誘ってくれたのにごめんね。
また何かあったら声かけてほしい♡

point

日程が難しいと伝えるのももちろん良いですが、「じゃあ、この日だったら?」とリスケされてまた誘われる可能性も。**あなたとは遊びたいけど、そのイベントには興味がないと正直に説明**しましょう。

8

みんなが「YES」と言っているのに、自分は乗り気ではないとき

\NG/

それ、私も行かなきゃダメですか？

\OK/

ありがとうございます!!
会の参加が続いているし、
体調も整えておきたいので、
今回は私はやめておきます。
また次の時、楽しみにしています。

point

まわりのみんなが乗り気なときに、自分だけ「NO」と言いにくい……。そんなときもP64 の「断る極意」で対応です。声をかけてもらえて嬉しいという**お礼のあとに、参加できない旨を説明**することで「我慢して参加する」ということが極端に減るはずです。

9

営業されているときや、買い物で「違うな」と思うものを断りたいとき

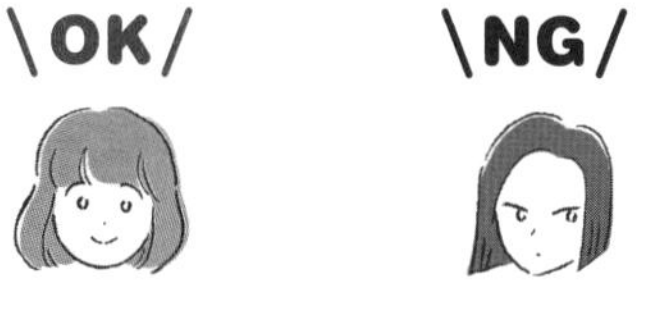

NG：……はい（「違うな」と思いながらも言い出せず買ってしまう）

OK：ご提案ありがとうございます！ちょっと、**私には違うなと感じたので今回はやめておきます。**

point

相手も仕事で営業している場合、「提案」が仕事なので、断られることも想定しています。お礼と、**自分の好みや率直な感想**を伝えて柔らかくお断りをすれば大丈夫です。

10

相手のご厚意を断るとき

＼NG／

結構です。

＼OK／

お気持ちとても嬉しいです。
私にはまだ力不足で
使いこなすことができなくて。
まずは自分のペースでやってみます。

point

ここでは「**相手ではなく〝自分に〟その厚意を受け取れない理由がある**」という意図を伝えます。たとえば「手伝ってあげるよ」という厚意には、「お気遣いありがとうございます。**でも、今後一人でも対応できるように経験を積みたくて**」と伝えるといいですね。

11 サロンなどで次回の予約を勧められ、毎回とっていたけど一旦やめたいとき

\NG/

（自分は予約したくないと思っているのに）はい……
（と予約してしまう）

\OK/

ちょっと今回は先の予定がわからないので、
次回の予約は大丈夫です。
また予約したいときにご連絡しますね。

point

ルーティン化しているものは断りにくいですが、また予約したい時に予約すれば良いわけですし、**〝大丈夫です〟という言葉を使って柔らかくお断り**をすれば、すんなりと会話が運びます。

2

注意・ダメ出し

注意やダメ出しをする場面には、怒りの感情がつきもの。
でも、怒って相手を否定する言葉を使っても、
お互いに嫌な思いが残るだけですね。
ここでは、冷静に相手のことを認めながら、
しっかりと注意・ダメ出しができる伝え方を覚えましょう。

12

相手にやめてほしいことがあるとき

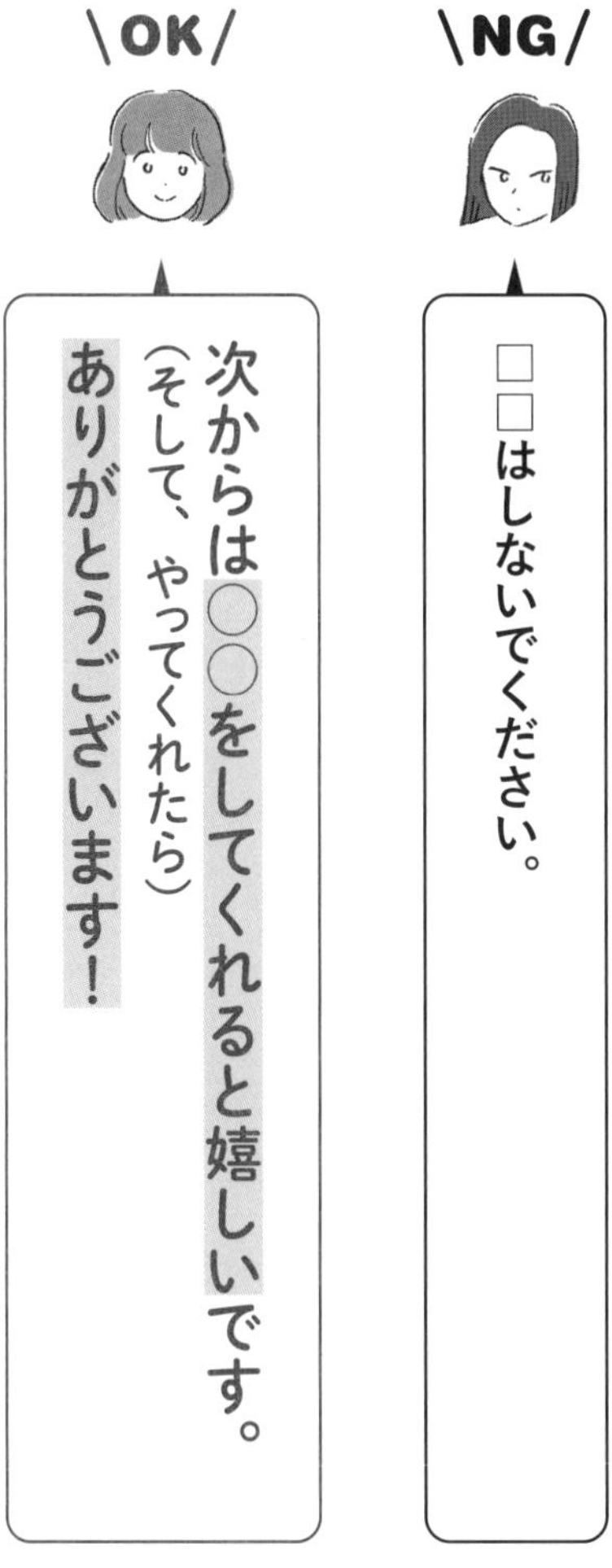
NG
□□はしないでください。
OK
次からは◯◯をしてくれると嬉しいです。
（そして、やってくれたら）
ありがとうございます！

point

否定形よりも肯定形で注意されるほうが、相手は受け止めやすくなります。わかりやすい例で言えば、「部屋を汚さないで!」と言うより、**「部屋を綺麗に整頓してね」と伝える**、ということですね。実際にやってくれたら、必ず「ありがとう」と感謝しましょう。

13

後輩の身なりを注意したいとき

＼NG／

もうちょっときちんとした服を着てください。

＼OK／

その格好だと
ビックリしちゃう人もいるから、
職場には膝が隠れる服で来てね。

point

こういうケースではまず、**自分ではなく、まわりの人がどう思っているか**という理由をソフトに伝えた上で、どういう格好であればいいのか、**具体的な提案**をします。

14

遅刻が気になる後輩・同僚に対して

\NG/

最近、遅刻が多いね。

\OK/

ほかの人にも迷惑になってしまうので、約束時間の◯時までに来てもらえるかな？

point

自分だけでなく、**「ほかの人」みんなに迷惑をかけていること**を伝え、具体的に**来るべき時間を提示**しておきましょう。

15

まわりの人のやる気がないとき

\NG/

やる気、あるの？

\OK/

最近、もしかして元気ない？
話、聞くよ。

point

やる気がないときは、必ず何か原因があるはず。**叱るのではなく、悩みを聞いてあげて**一緒に解決策を考えましょう。

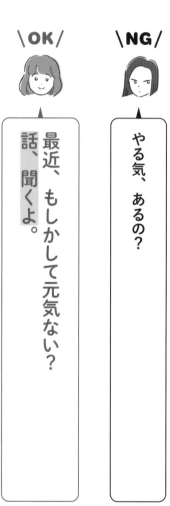

16

まわりの人のがんばる方向性がズレているとき

\NG/

がんばる方向が、ズレていると思います。

\OK/

がんばっているね～！
もしかすると、
○○すると、もっといいかも。

point

部下の様子を「△△はダメ」と、頭から否定するのではなく、「○○すると、もっといいかも」と**改善策を提案**するといいでしょう。

17 提出物に修正をお願いしたいとき

\NG/

これ、もうちょっと良くならないですか？

\OK/

早速（丁寧に）ご対応くださって、ありがとうございます（という言葉に続けて――）。

大きな修正をお願いしたい場合

私はこんな風に変えたほうがいいと思うのですが、どうでしょうか？

一部修正をお願いしたい場合

1つお願いなのですが、ここがこういう風だともっとわかりやすくなるので、修正していただけますでしょうか（いただくことは可能でしょうか）。

point

まずは相手の対応に感謝。その上で、相手の提出物のダメな点ではなく、**こちらから改善の提案をする形**で修正依頼をするといいですね。

18

取引先から来た部下へのクレームを本人に伝えるとき

＼NG／

あなたのせいで取引先が怒っているじゃない！

＼OK／

なんでこういうことが起こったと思う？
（部下：答える）
今後同じことが起こらないために、
どうすればいいと思う？
（部下：答える）
そうだね、じゃあ、今後は○○していこう！

point

ミスを責めるのではなく、まずは**その原因と改善案を本人に考えてもらい**ましょう。それが明確になったら、「今後は○○していこう」と**前向きな言葉がけ**を。この場合、怒りのトーンは禁物。**落ち着いた冷静なトーンで**伝えたいですね。

19

相手が話を聞いていなそうなとき

\NG/

今の、聞いてました？

\OK/

今の話で、
わかりにくいところはありましたか？

point

OK例のように伝えることで、**相手に「ちゃんと話を聞かなくちゃ!」と思ってもらえます**ね。こちらとしても、相手がどこまで話を理解しているかを把握できます。

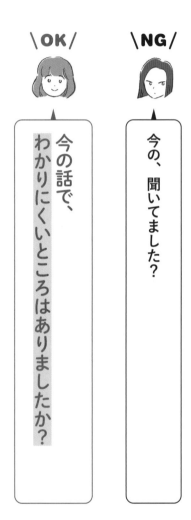

3

反対・マイナス意見

反対意見を持っていても、今話している相手に切り出すのは、
なんだか関係性が悪くなりそうで怖いですよね。
ここでは、そんな微妙な関係に陥りそうになる場面を
スルッと上手にかわせる言葉の伝え方をご紹介しましょう。

20

普段の会話の中で反対意見があるとき

＼NG／

それは絶対やめたほうがいい！

＼OK／

そうなんですね。
私はこういう理由で○○しようと思っていますがどうでしょうか？

point

いくら相手とは反対の意見を持っているとしても、**普段の会話の中で自分の考えを押しつけるのはNG。相手にアドバイスを聞かれたときだけ、**OK例のように**アイ・メッセージで「私は○○しようと思っている」という伝え方をする**といいですね（100ページ参照）。

21

仕事で意見が食い違って話し合いが進まないとき

\NG/

なんでわかってくれないんですか!?

\OK/

お互いが納得できる方法はないか、一度私のほうで考えてみますので、改めて打ち合わせしませんか？

point

相手が納得がいかないのに無理やり話を進めるのはやめましょう。その場合は**いったん保留**にして、日を改めて相手に気持ちよく「YES」と言ってもらえるような、お互いに**WIN-WIN（双方にとって好都合な状態）になる提案**をします。

22

微妙な提案をされたとき

\NG/

それは、微妙ですね……。

\OK/

ご提案、ありがとうございます。いただいたご意見を踏まえ、自分なりにしっかり考えてみて、お答えしてもよろしいでしょうか。

point

微妙とは、「本当にやる意味があるのかどうかわからない提案」ということですね。ここでは、どんなに微妙な提案であれ、**まずは検討する旨**を伝えましょう。そして後日、相手が納得するようなロジカルな資料をつくって、**こちらから再提案**します。

23

相手の提案を拒否したいとき

\NG/

それは無理！

\OK/

考えてくれてありがとう！
それも素敵だけど、○○も気になっていて。
こっちはどうだろう？

point

たとえばパートナーにデートの場所を提案してもらったのに、自分が行きたくないところだったということもありますね。そんなときも、「それは違う！　無理！」と言うのではなく、**考えてくれたことへのお礼をしっかり述べ、自分から代替案を伝える**といいですね。

24

目上の人の間違いを指摘するとき

＼NG／

間違っています！

＼OK／

あれ？　私の勘違いかもしれませんが、

もしかしたら◯◯かもしれません。

point

この場合は相手との間に角が立たないように、**「もしかしたらこうかも？」と、お知らせしてみるというスタンス**が◎ですね。

25

相手の提案が納得できないとき

\NG/

納得できません！

\OK/

新しい視点のご提案、
ありがとうございます。
実は私は◯◯と考えており、
方向性が違うので、
少しご相談させていただけませんでしょうか。

point

自分と違う意見で納得できなかったとしても、否定せず「**お礼**」→「**共感**」→「**提案**」で対応しましょう。

26 お願いされた仕事の対価が安すぎるとき

\NG/

この金額では安すぎます！

\OK/

お声がけくださり、ありがとうございました。私どもは通常○○円の金額でお受けしているため、費用面についてもう一度ご相談させていただけませんか？

\OK/

申し訳ありませんが、金額面でお値引きができない分、○○をセットでお付けする、というのはいかがでしょうか？

point

まずは相手に対する感謝を述べたあとに、希望金額を相談したり、プラスで提供できるものを提案したりすることで、**もう一度相手に条件を考えてもらえるような伝え方**をしましょう。

27

相手が提案してきた納品スケジュールが短すぎるとき

＼NG／

こんなスケジュールではできません。

＼OK／

ご注文、まことにありがとうございます。納期スケジュールにつきまして、少しご相談させていただくことは可能でしょうか？

point

「できない」とはっきり断るよりも、**「ご相談」という形で可能なスケジュールを提案する**といいですね。

28

「その仕事、やる意味あるの？」と思ったとき

\NG/

それ、本当にやる意味あるんですか？

\OK/

こういう方法もあると思うのですが、いかがでしょうか？

point

職場や地域コミュニティの場などではとくに「これ、やる意味あるのかなあ？」と思うことは多々ありますが、**正直に否定するのではなく、より良い提案を伝える**ことで、軌道修正していきましょう。

4

謝罪・もめそうなとき

「ああ、やってしまった～」というミスは、
誰にでもありますよね。
そういうときは、ぐずぐずせずにすぐに相手に謝って、
改善策を示しましょう。
相手が大事な人ならなおさらですね。

29

仕事で失敗した原因を伝えたいとき

\NG/

実は○○だったんで、仕方がなかったんです。

\OK/

大変申し訳ございませんでした。
実は、○○が原因でこのような状況になってしまいました。
今後同じことが起こらないように、△△を徹底していきます。

point

こちらに非があるときは、**言い訳ではなく謝罪を。**その上で「**原因説明→改善策の提案**」の順にこれからのことを伝えることで、誠実な姿勢を示します。

30

クレームをくれた相手に謝罪するとき

\NG/

申し訳ありませんでした！

\OK/

○○な気持ちにさせてしまい、
大変申し訳ございませんでした。
以後このようなことがないように
充分に気をつけます。

point

「申し訳ありませんでした！」という言葉も悪くはありませんが、ＯＫ例のように**相手の気持ちを代弁しながら**謝ったほうが、**「この人は、私の気持ちをわかってくれている」**と先方の怒りがおさまりやすくなります。

31

お互いの認識がズレていてもめそうなとき

＼NG／

なんでわからないんですか？

＼OK／

私の理解不足で申し訳ありません。
こういう認識でおりました。
もう一度、お互いの認識のすり合わせをさせていただけますか？

point

「自分から謝ることは負けだ」「謝ったら、相手になめられる」と思う人もいるかもしれませんが、実は逆。**最初に謝ったほうが、物事はスムーズに進みます。**

32

「え!?　そんなの聞いてないよ」というとき

＼NG／

＼OK／

そんなの、聞いてないんですけど！

私の確認不足で申し訳ありません。もう一度教えていただいてもいいですか？

point

「言った」「言わない」で言い争いをするのは時間の無駄。まずは大人らしく**相手を立てて仕切り直しをする**のが、賢い伝え方です。

33

「あれ、言わなきゃよかった」という失言を謝りたいとき

\NG/

この前の発言、もしかして傷ついた？

\OK/

この前、○○って言っちゃったこと、ずっと引っかかっていて。本当にごめんね。

point

これは友だちや恋人、夫などとのシーンでも使えますね。失言したことが、ずっと気になっていたと伝えることで、**相手を大切に想う気持ちを表現。気まずいことは、なるべく早く謝って解決**しましょう。

5

メール&連絡事項

メールでの連絡は毎日の必須事項。
デバイスの画面とにらめっこして、
ウーンと文章を考えあぐねている人はいませんか?
ここでは、日常の報告も含めて、
好感度高く必要なことがサラッと伝わる文章と言葉を
ご紹介しましょう。

34

仕事で早めに返信をもらいたいとき

\NG/

できるだけ早めに返信をお願いします。

\OK/

お忙しい中、申し訳ありませんが、
今週△曜日の○時までにご返信を
お願いできますでしょうか？
もし難しい場合は、
遠慮なくご相談ください。

point

冒頭に相手を気遣う言葉を必ず入れたあとは、NG例のように「できるだけ早めに」という曖昧な表現では緊急度が伝わりにくいので、**具体的な日時**を入れて依頼します。「難しい場合は、遠慮なくご相談ください」と、**相手に負担をかけない言葉**も忘れずに。

35 締め切りをよく破る人に事前に伝えるとき

＼NG／

必ず、期限内に提出してください。

＼OK／

発売日が決まっていて
納期の予定を変更できませんので、
遅くとも○日の△時までには
必ず提出してくださると、とても助かります。
どうぞよろしくお願いします。

point

ここでは、**納期を変えられない理由**を説明し、**期限を明確に提示**して相手にお願いしましょう。

36

遅れている件の催促メールをしたいとき

\NG/

先日お願いした件は、まだですかね？

\OK/

進捗確認ができておらず、
申し訳ありません。
○○の件は、昨日が期日だったと
記憶しておりますが、
どのような状況でしょうか？

point

「ですかね?」は、ビジネス文章としてはカジュアルすぎてNG!　メールで確認をしたいときは「○○**でしょうか?**」「**○○の件はいかがでしょうか?**」が◎。あえてこちらから**「申し訳ありません」という言葉を添える**ことで、催促も柔らかく伝えられます。

37

仕事のメールをすぐに返信できないとき

\NG/

（返信しない……）

\OK/

申し訳ありません！
今、立て込んでおりまして、すぐに
お返事ができないので、明日の○時までに
お返事をさせていただきたいのですが、
よろしいでしょうか？

point

「○○します」と断定するのではなく、**「よろしいでしょうか？」と、相手に確認する形**をとると、こちらの希望を柔らかく伝えられます。ここで記した**期限を守れなくなった場合は、〝事前に〟お詫びの連絡とスケジュール変更のお願いをする**ことが大事。

38

どうしても遅い時間にメールを送りたいとき

\NG/

（何も断りを言わずに本題に入る）

\OK/

夜分に失礼します。明日になってしまうと失念してしまうかもしれないので、ご連絡いたしました。お返事は明日以降で大丈夫です。

point

この時間にあえてメールをした理由と、**今すぐに返事をする必要がないこと**も必ず伝えましょう。

39 メールで仕事を依頼され、できるかどうか即答できないとき

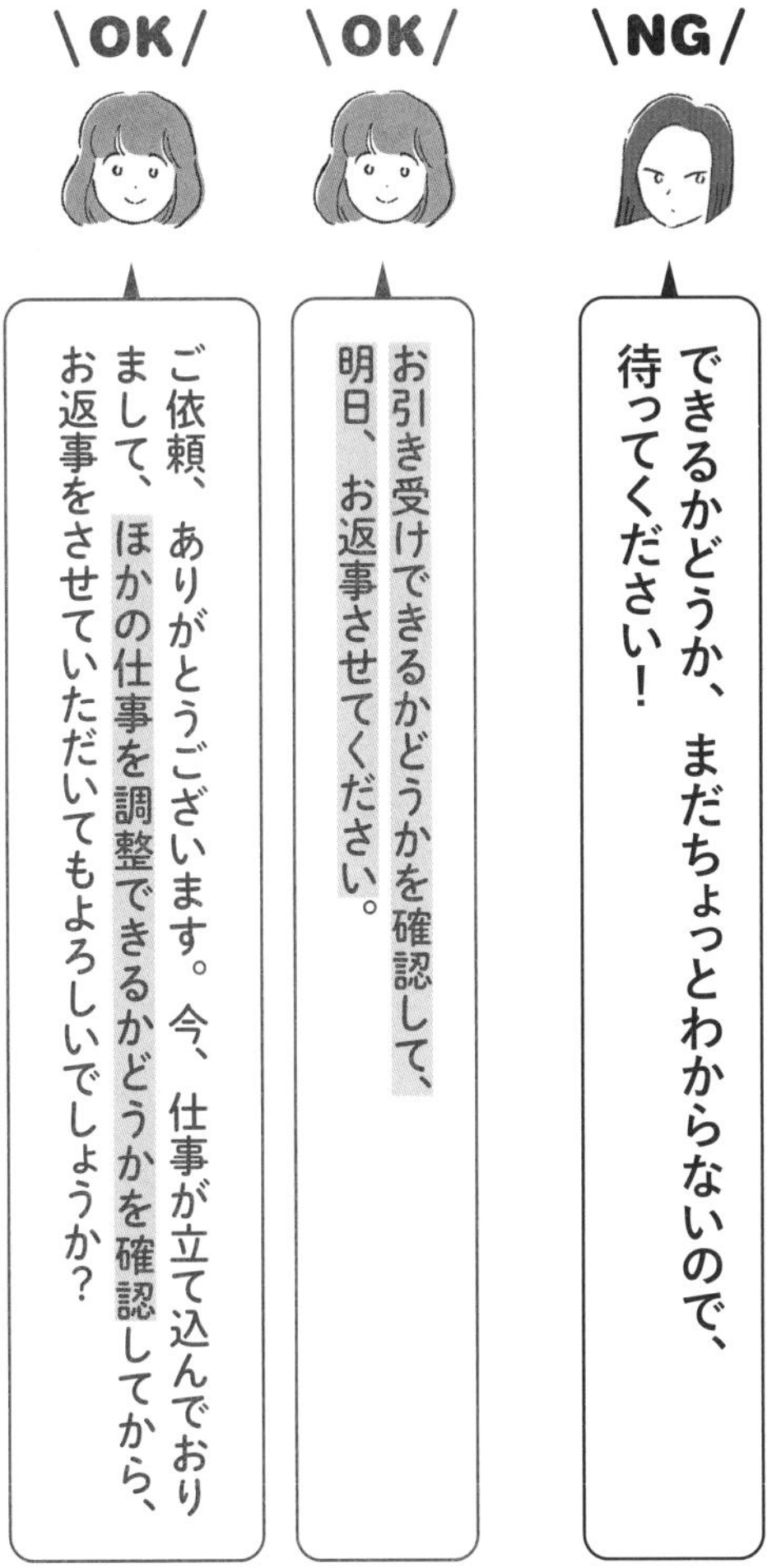

\NG/
できるかどうか、まだちょっとわからないので、待ってください！
\OK/
お引き受けできるかどうかを確認して、明日、お返事させてください。
\OK/
ご依頼、ありがとうございます。今、仕事が立て込んでおりまして、ほかの仕事を調整できるかどうかを確認してから、お返事をさせていただいてもよろしいでしょうか？

point

すぐに回答できなくても、**「確認してから返事する」と一言返信をする**だけで、相手は安心します。「仕事を調整できるかどうか」と**こちらの状況を知らせる**のも、誠実さが表れていていいですね。

40

「あの件、問題なく進んでる？」と聞かれたとき

＼NG／

ちゃんとやっているので、心配いりません。

＼OK／

進捗をお伝えできておらず、申し訳ありません。今、このような感じで予定どおりに進んでいます。

point

NG例の言葉は、相手によってはカチンとくる場合があるかもしれませんね。まずは「進捗を伝えられていなくて申し訳ありません」と**お詫びの一言**を入れてから、「今、このように進んでいます」と**現状報告**できるといいでしょう。

41 自分が使っていない連絡ツールを提案されたとき

NG
それ、使ってないんです。別のものにしてください。

OK
そのツールを使用したことがなくて、使いこなせるかわからないのですが、事前に登録してチャレンジしてみますので、少しお時間をいただけますか？

OK
そのツール、使ったことがなくて……。もしみなさんが可能であれば、こちらのツールでやりとりをさせていただいてもよろしいでしょうか？

point

自分が使っていない連絡ツールを提案されても、バッサリ断るのではなく、「チャレンジするのでお時間をいただけますか？」と**前向きな姿勢**を伝えましょう。自分が別のツールを提案できる立場であれば、「**みなさんが可能であれば**」と伝えてみるのもいいですね。

6

お願い

ビジネスでも普段の生活でも、
味方がたくさんいる人は、お願いの伝え方がとっても上手。
みんなが気持ちよく、喜んで引き受けてくれるような言葉を
何通りか覚えておくと、便利ですね。

42 不機嫌な上司に話しかけるとき

\NG/

あの〜。今、よろしいでしょうか？（恐る恐る）

\OK/

お忙しい中、失礼します。
◯◯の件でお話ししたいのですが、
10分ほどお時間をいただけますか？

point

相手が不機嫌だからといって恐る恐る話しかけると、逆に相手のイライラが増幅することもあるので要注意。**あえていつもの調子で簡潔に**要件を伝えましょう。

43

仕事を頼むとき

\NG/

この仕事、やっておいて。

\OK/

○○さんは□□がすごく上手なので、
この仕事はぜひお願いしたいのですが、
可能ですか？

point

ただ依頼をするのではなく、**「あなたにお願いしたい理由」もセットで加える**と、こちらの気持ちがよく伝わります。さらに、疑問系にすることで柔らかい印象になります。

44 追加で仕事を頼むとき

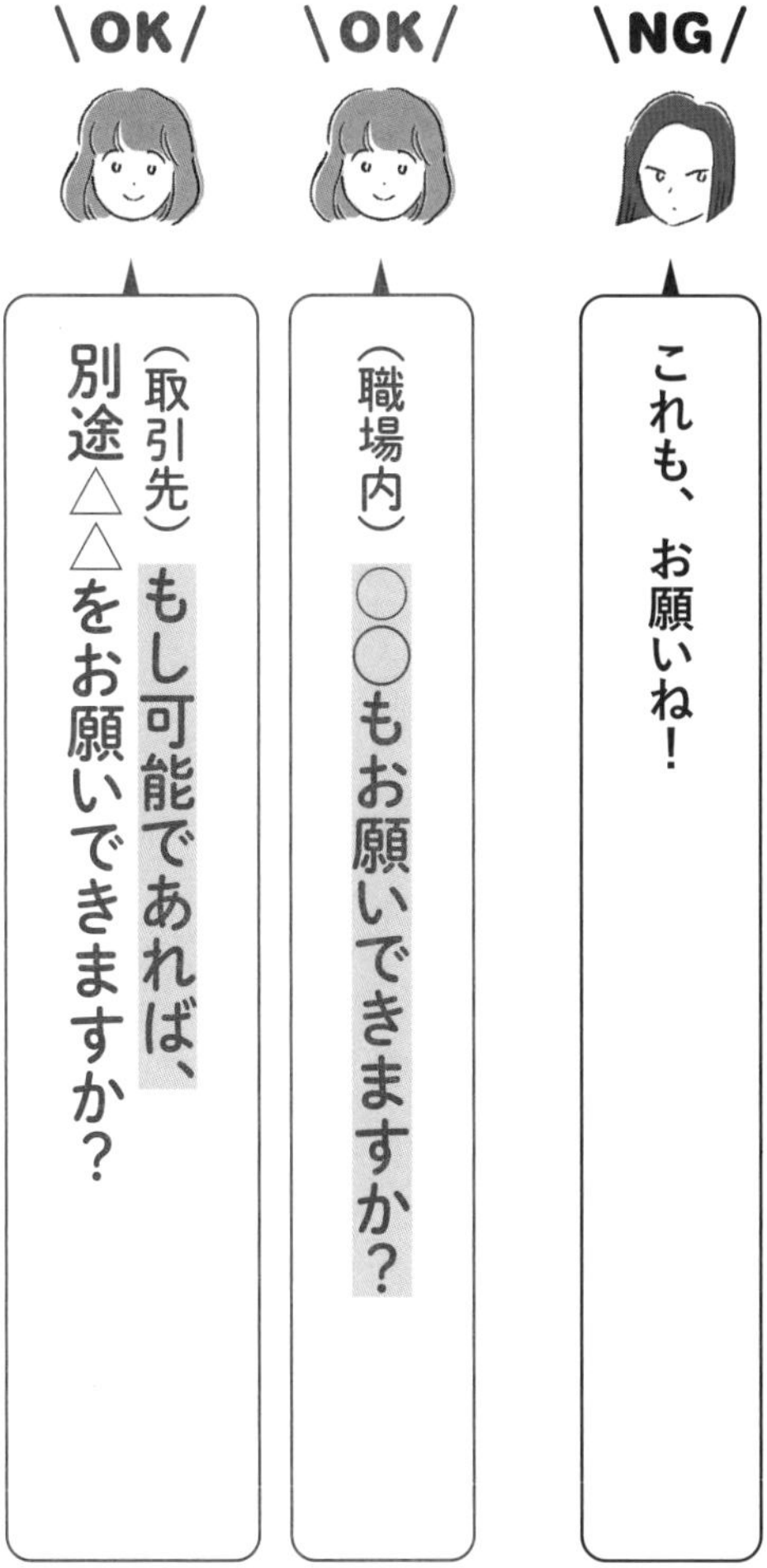
\NG/
これも、お願いね！
\OK/
（職場内）○○もお願いできますか？
\OK/
（取引先）もし可能であれば、別途△△をお願いできますか？

point

「ついでにこれも」とお願いするのはNG。「○○もお願いできますか?」と丁寧に依頼するのが◎。とくに相手が業務委託やフリーランスで案件ごとに仕事をしている**取引先の場合は、丁寧な伝え方をしたい**ですね。

45

急ぎの仕事をお願いするとき

\NG/

○○を、急ぎだからよろしくね！

\OK/

急で大変申し訳ありませんが、△日までにお願いすることは可能でしょうか？

point

相手に負担がかかる急ぎの仕事の場合は、**「断定」ではなく「疑問」の形で**お願いすると、柔らかく伝えられます。**締め切りの期日**は相手にしっかり伝えましょう。

46 面倒な仕事をお願いするとき

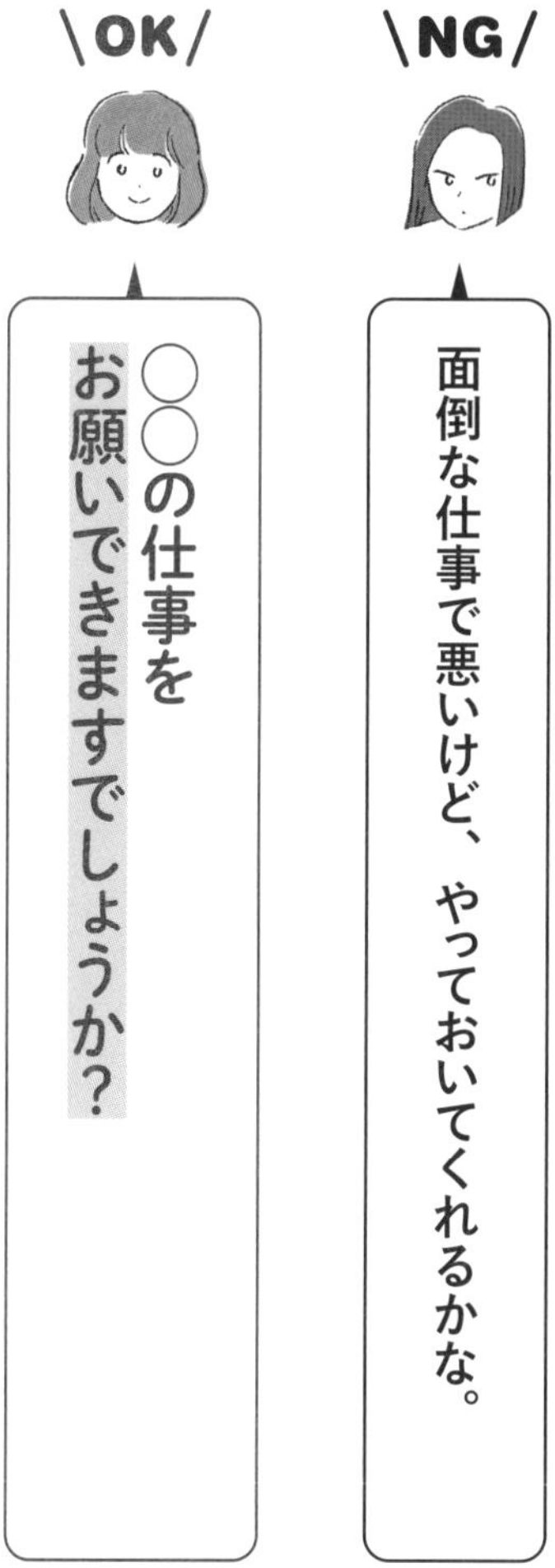
NG
面倒な仕事で悪いけど、やっておいてくれるかな。
OK
○○の仕事をお願いできますでしょうか？

point

相手はどう感じるかわからないので、最初から「面倒な仕事」とは言わないほうがいいですね。その仕事を完成してくれたときは、「**私にはできない仕事だったので本当に助かりました。ありがとうございました**」と、**相手を褒めて感謝する**言葉を伝えましょう。

47

部下や同僚に少し難易度の高いことをお願いするとき

\NG/

これ、やっといてくれる？

\OK/

これ、お願いしたいんだけど、
できそうかな？
私は◯◯さんならできると思うんだけど、
もし難しかったら、私もサポートするね。

point

まずは「できそうかな？」と**疑問形で依頼**します。相手は「自分にできるだろうか」と不安に感じている可能性が高いので、「私はできると思うんだけど、もし難しかったら私もサポートするね」と、**フォローの言葉**も添えましょう。

48

決定権をほかの人に委ねたいとき

＼NG／

私は何でもいいんで、みなさんで決めちゃってください。

＼OK／

私はどちらでも大丈夫なので、みなさんのご意向に合わせます。

point

NG例の場合は、遠慮して「私のことはいいので、みなさんで決めちゃってください」と言っているのかもしれませんが、相手に「無責任な人」と思われる可能性も。「みなさんのご意向に合わせます」と、**同意の意思を伝えたほうが、相手は安心**します。

7

声がけ・日常会話

さりげなく気遣いのある言葉をかけてくれる人とは、
また会いたくなるし、そのまわりにはどんどん人が集まってきますね。
そんなコミュニケーションの達人は、
普段どんな声がけや会話をしているのでしょうか?

49

相手が疲れて見えるとき

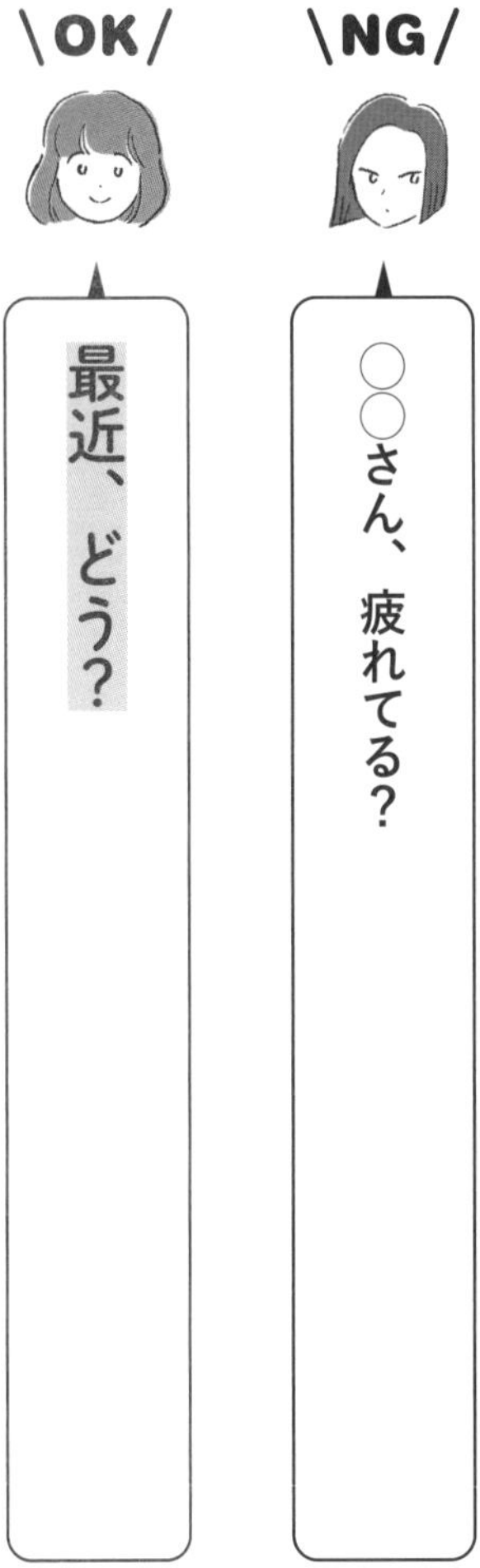

point

相手を心配して「疲れてる?」と聞いても、逆に「え?私、顔色が悪いのかな?」と気にされてしまうかも。そんなときは、**相手の「感情」を聞く**といいですね。OK例のように聞いて**「疲れている」と返ってきたら、「何があったの?」と聞いてあげましょう。**

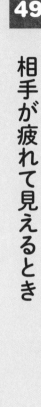

50

相手が自分を覚えているのか不安なとき

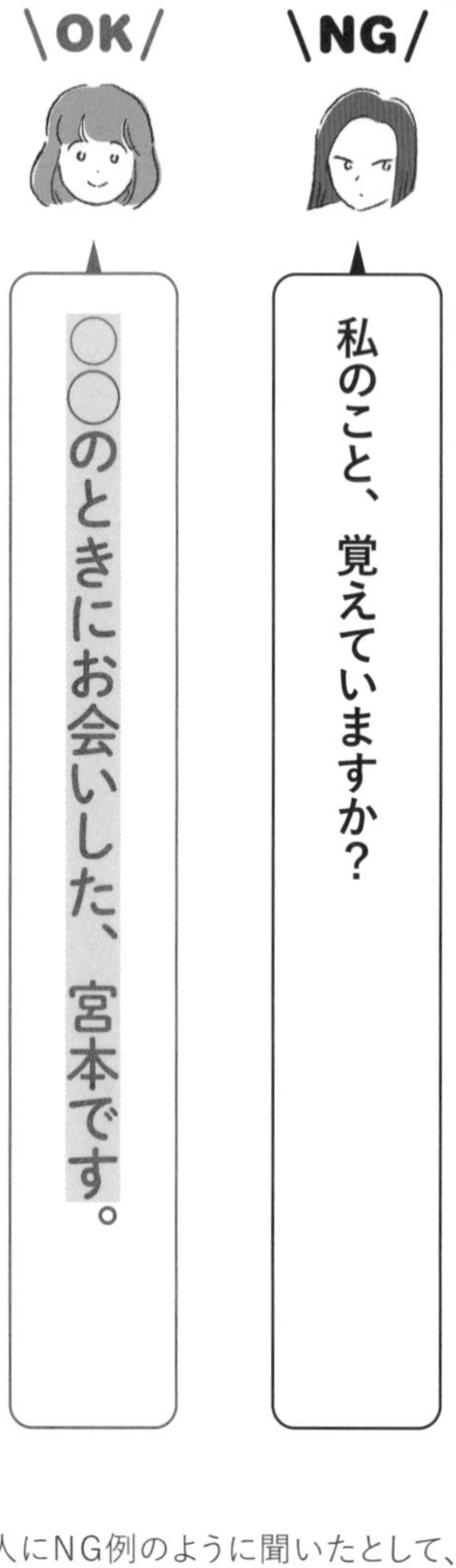
NG
私のこと、覚えていますか?
OK
○○のときにお会いした、宮本です。

point

久々に会った人にNG例のように聞いたとして、もし相手が覚えていなかったら、気まずいですよね。この場合は質問するのではなく、OK例のように相手に思い出してもらいやすいように**補足情報を添えて、改めて自己紹介する**のが◎。

51 相手の名前を思い出せないとき

\NG/

お名前、なんでしたっけ？

\OK/

以前はありがとうございました。
またお会いしたいと思っていたんです！
もう一度、
お名前をうかがってもよろしいですか？

point

ここでは「またお会いしたいと思っていたんです」と言うことで、**相手のことをちゃんと覚えていることを伝えましょう。**そう言われれば相手も悪い気はしないので、名前を再度聞きやすくなります。

52

名刺の名前が読めなくて困ったとき

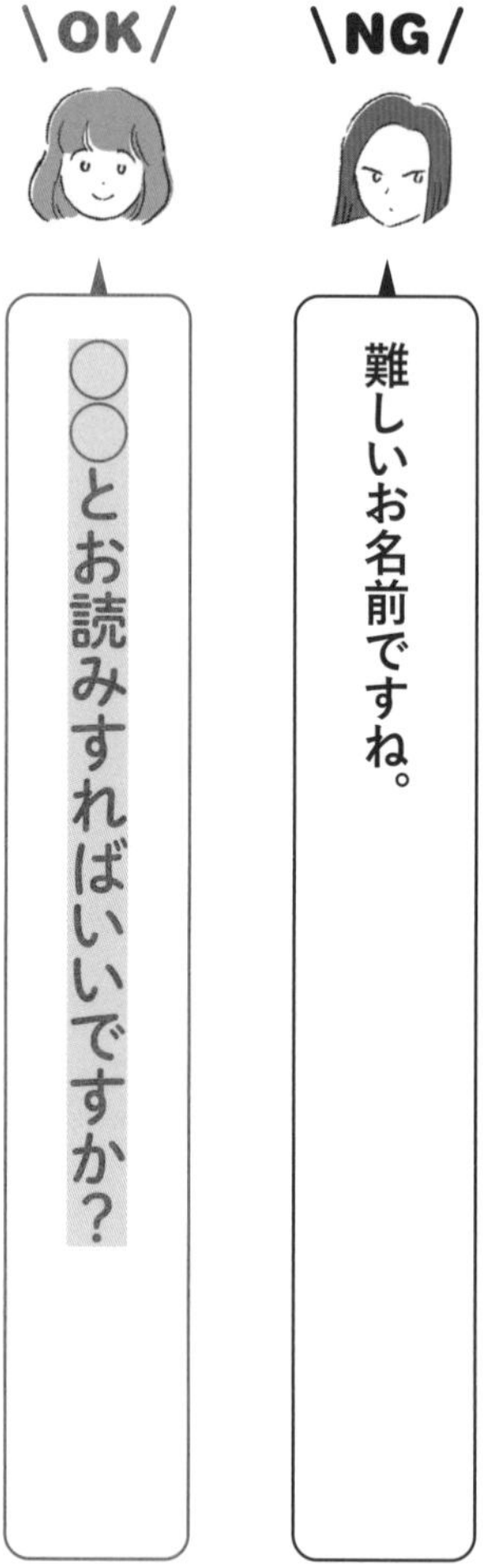

\NG/
難しいお名前ですね。
\OK/
○○とお読みすればいいですか？

point

相手の名前の漢字がもし読めなかったときは、「**実は、漢字に弱くて……**」と、**可愛く聞いてみましょう**。相手に弱みを見せることで、親近感もアップ！

53 相手から同じことを繰り返し聞かれたとき

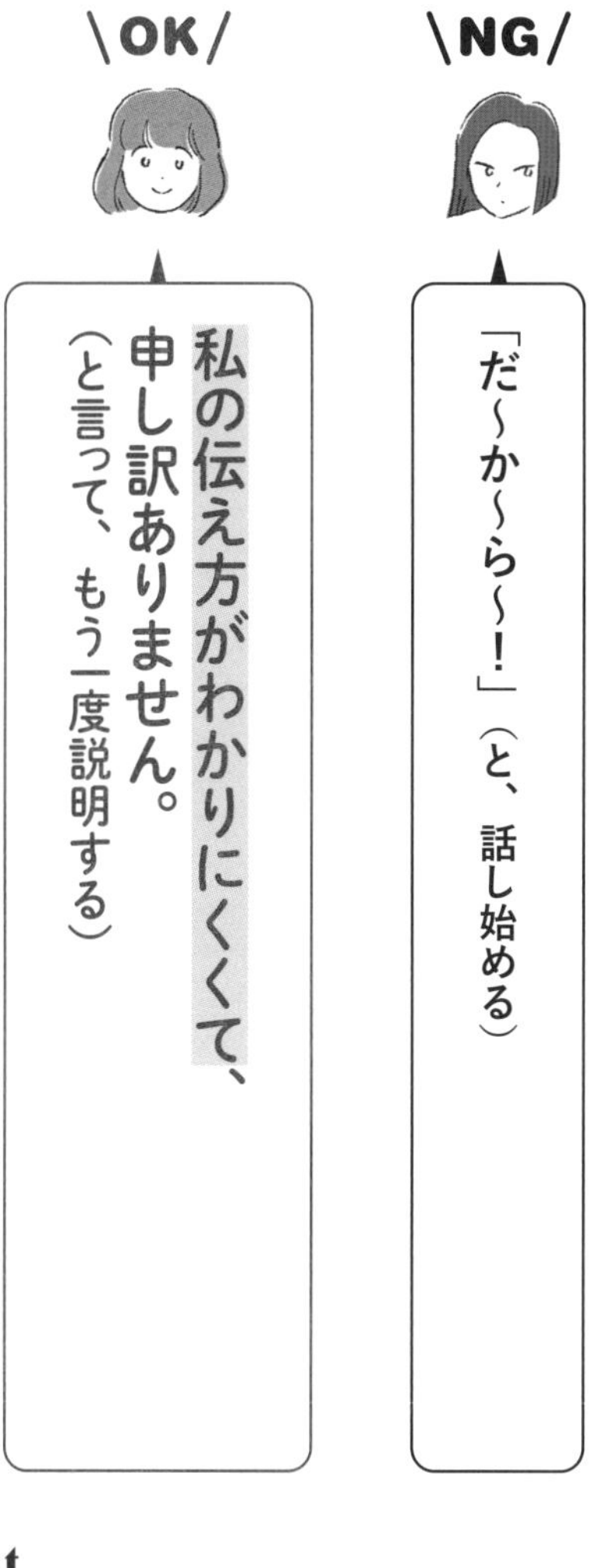
\NG/
「だ〜か〜ら〜！」（と、話し始める）
\OK/
私の伝え方がわかりにくくて、申し訳ありません。
（と言って、もう一度説明する）

point

人によっては何回聞いても覚えられない、理解できないこともある（私にとっては料理がそうです。金融系の話が苦手な人も多いですね）――そう思うことで、確実に相手に優しくなれますよね♡

54

相手が知らないかもしれない話をするとき

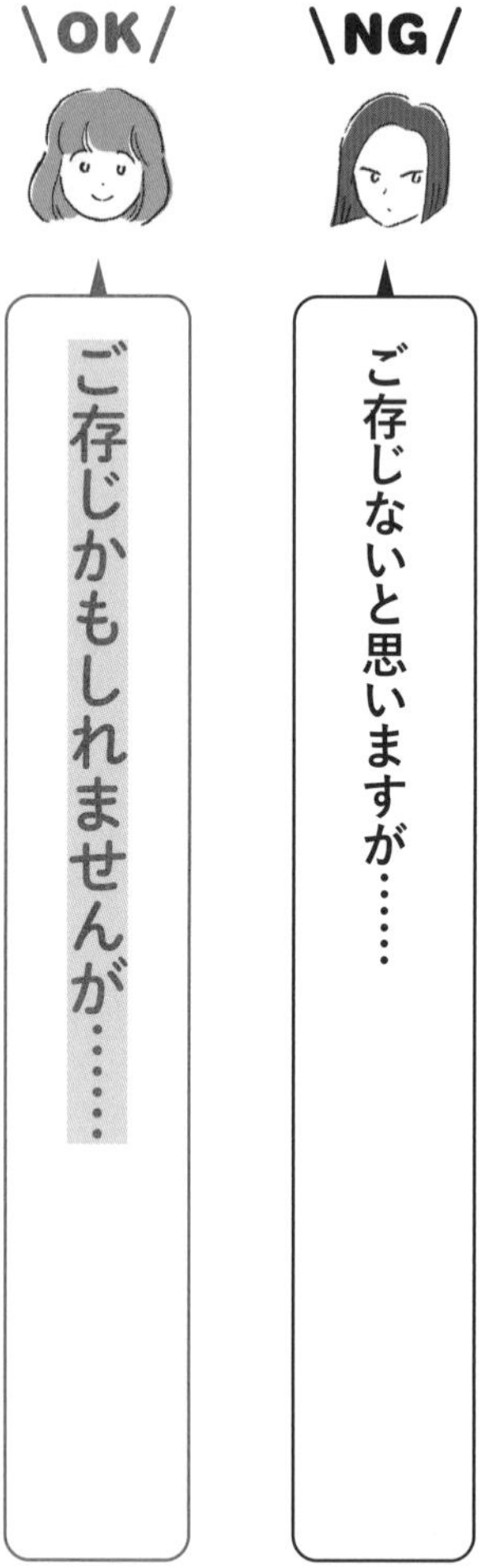
\NG/
ご存じないと思いますが……
\OK/
ご存じかもしれませんが……

point

NG例の「ご存じないと思いますが」は、**上から目線の言葉なので、相手に失礼**ですね。その人が知らないかもしれない話題でも、「ご存じかもしれませんが」と、**相手を必ず立てる**ようにしましょう。

55

相手の話が長くて何を言いたいのかわからないとき

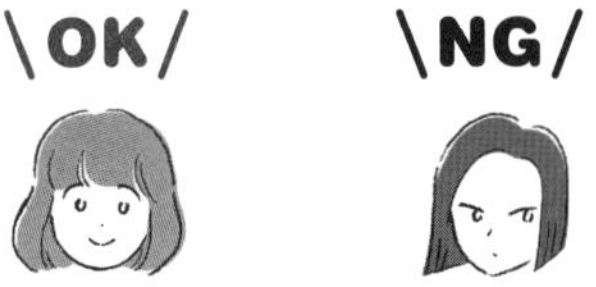

NG：それはつまり、どういうことですか？

OK：〇〇ということなんですね。
（要約して伝える）

point

おそらく相手も話のまとまりがなくなっている状態なので、話を要約してあげると親切ですね。「〇〇**という理解で合っていますか？**」と聞くのもいいでしょう。

56

早く話を切り上げたいとき

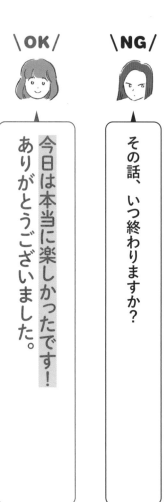

\NG/

その話、いつ終わりますか？

\OK/

今日は本当に楽しかったです！
ありがとうございました。

point

そろそろ切り上げたいなと思ったら、**会話の「終わり」を感じさせる言葉**を使えば、相手もこちらの状況に気づいてくれるはずです。OK例のように**ポジティブな言葉で締める**と、相手も悪い気はしないでしょう。

57 相手が延々と愚痴をこぼしているとき

\NG/

（うんざりした顔で聞いている）

\OK/

それは辛いですよね（一緒に悲しい顔）。
でも、解決してよかったです！（ニッコリ笑顔）

point

ＯＫ例のように、**相手の感情に共感した一言や表情**が◎。「でも､解決してよかったですね」と笑顔でポジティブに締めます。相手の問題が解決していなくても、**プラスの要素を見つけて､「でも、○○でよかったですね」**と、笑顔&ポジティブで締めましょう。

58

自分が既に知っている話題を相手が話し出したとき

\NG/

それ、知っています。

\OK/

（知っているという体で話を進めるとき）

◯◯らしいですね〜！私も最近、耳に挟みました。

\OK/

（知らないという体で話を進めるとき）

そうなんですね〜！

point

その話を自分も知っていると**会話が盛り上がるとき**や、**相手にプラスの情報を与えられるとき**は、「知っていること」を伝えます。とくにプラスになることがなければ、**あえて知らないふりをして聞くのも◎**（相手が気持ちよさそうに話している場合はとくに）。

59

相手が何度も同じ話をするとき

NG

その話、前にも聞いたんですけど……。

OK

その話、面白いですよね。以前○○さんに教えていただき、私も大好きな話です。

point

「以前聞いたことがある」と言うだけでなく、**こちらのポジティブな感情を添える**と、相手も嫌な気がしません。またそうすることで、相手にも自然に同じことを話していることに気づいてもらえますよね。

60

暗い話を明るい話題に変えたいとき

\NG/

その暗い話、まだ続くんですか？

\OK/

話、変わるんですけど、最近○○にハマってて。

\OK/

うんうん、その気持ちわかる。私も以前、同じようなことがあったとき、○○と考えたら気持ちが楽になったよ。

point

自然に違う話へできそうな場合は**「話は変わるのですが……」と枕詞を入れて、明るい話題へ**シフトチェンジ。また、相手の悩みと同じような経験をしていたら、**共感した後、自分が明るく考えられた方法を話す**のも良いです。

61 仕事仲間にプライベートな話を聞くとき

彼（彼女）との結婚は考えてるの？

今後どうしていきたいか、人生のプランなんかはあったりする？

point

職場などで恋愛や結婚、出産など、プライベートかつセンシティブなことを聞くのは、セクハラになるので要注意！　仕事上どうしても把握したい場合は、**「今後のプラン」という形**で聞きましょう。

62

「旦那さんはどこの会社なの？」と聞かれ、答えたくないとき

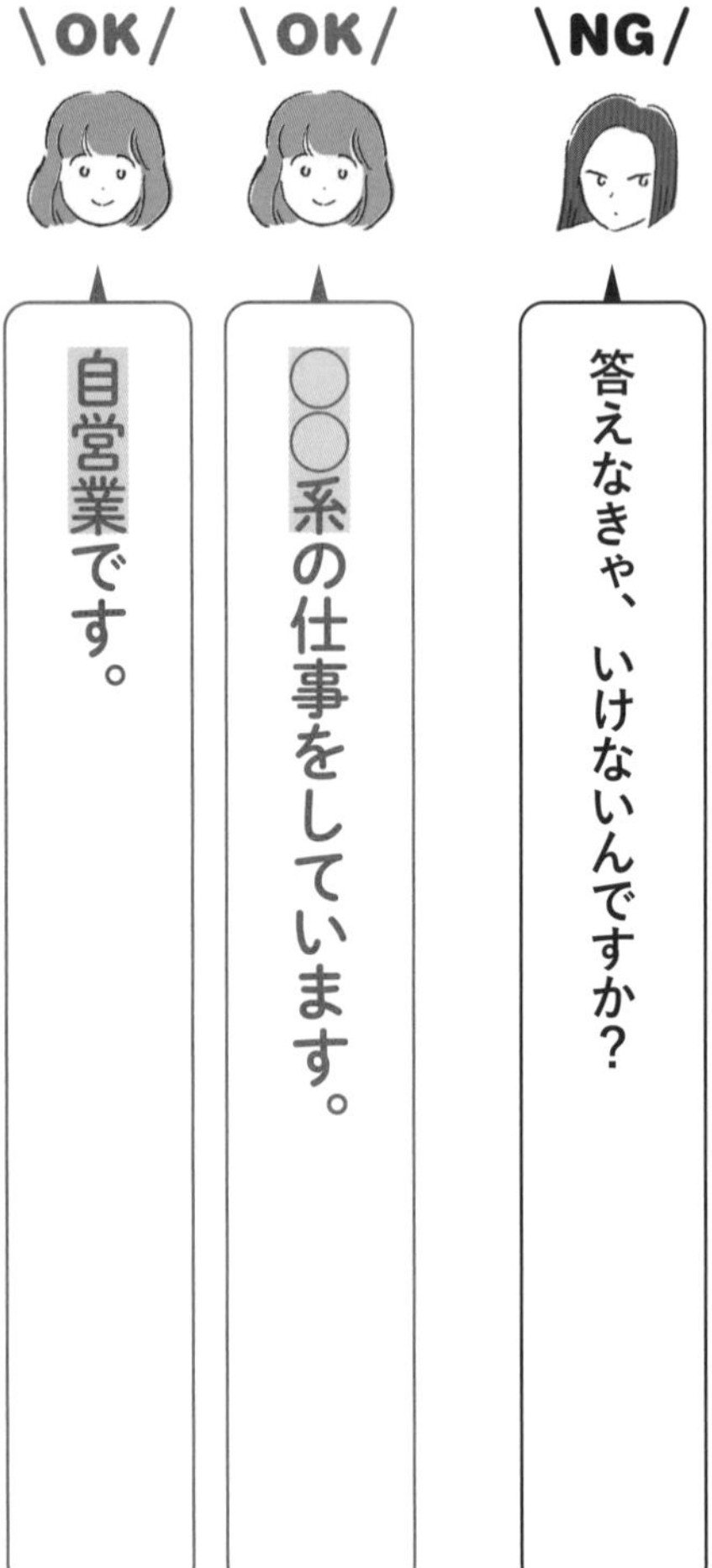

\NG/
答えなきゃ、いけないんですか？
\OK/
○○系の仕事をしています。
\OK/
自営業です。

point

OK例のように**アバウトに答えておいて**、さらに踏み込んで聞かれたら、「**そんな、そんな〜！　言うほどではないので！**」と言って逃れましょう。「**あんまりしゃべると、夫に怒られてしまうので**」と伝えるのも◎。

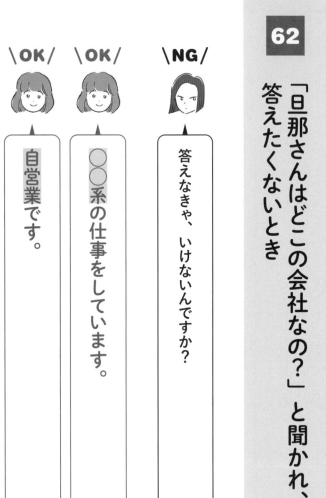

63

嫌味に聞こえないように実績を伝えたいとき

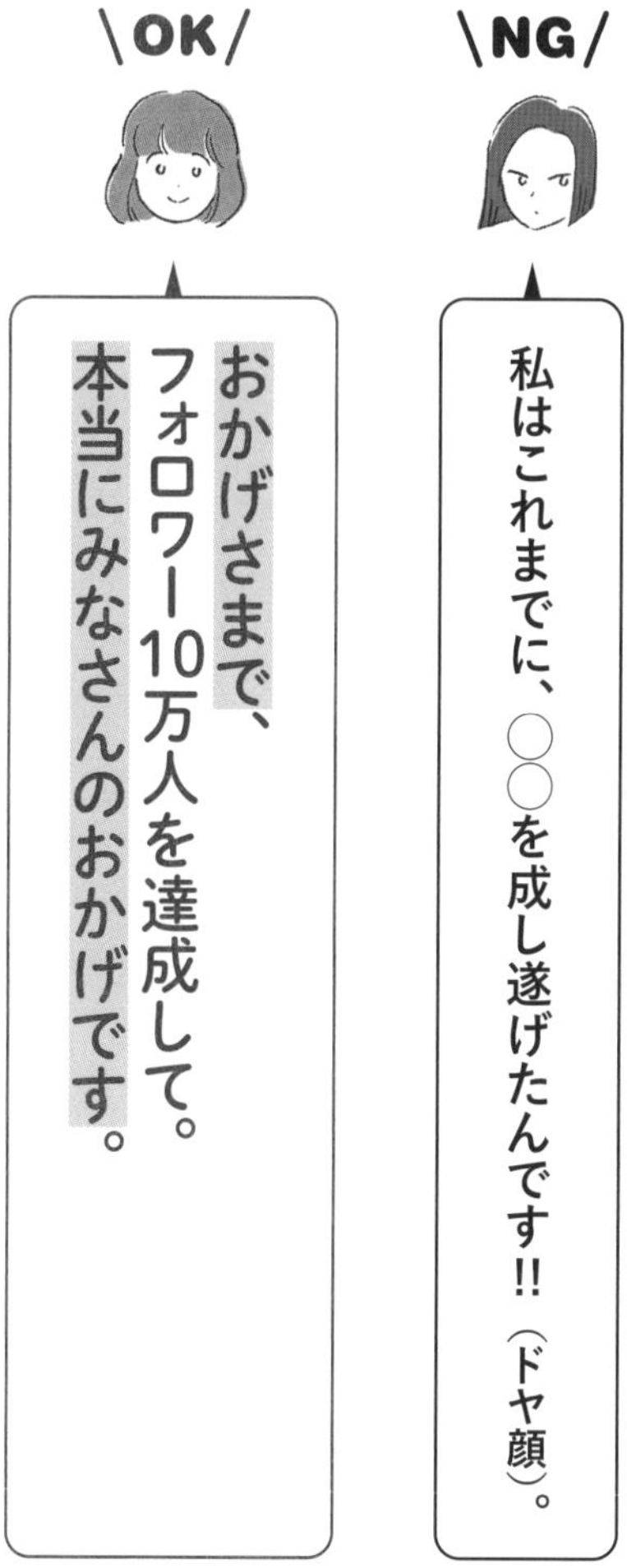
＼NG／
私はこれまでに、○○を成し遂げたんです!!（ドヤ顔）。
＼OK／
おかげさまで、フォロワー10万人を達成して。本当にみなさんのおかげです。

point

自分の実績を言うときは、まわりへの**感謝や「おかげさまで」の気持ちと言葉を一緒**に伝えると好印象です。

64

努力なしで成果を出していると思われているとき

\NG/

私だって苦労しているし、努力しているのに！

\OK/

そんな風に思ってもらえて光栄です。でも、正直○○のようなこともあって、大変な時期も実はあったんです。

point

苦労も努力もちゃんとしてきたのに、それを人から認められないのは悔しいですよね。でも、その場でそれを張り合うのはスマートではないので、苦労していないのにうまくいった＝天才肌と思ってもらったことに感謝して、**「でも実は普通にこういう苦労もしました」とエピソードを話す**と、嫌味になりません。

65 人の悪口に同意を求められたとき

NG：それは、○○さん、ひどいですね～！ 私も、そういう人だと思ってました！

NG：そういう悪口、言っちゃダメだよ（と相手に注意する）。

OK：ねぇ～。そういう人もいますよね。いろんな人がいますよね。

point

人の悪口に便乗すると、「△△さんも言っていた」と言われるリスクがあるし、自分でも気分のいいものではありませんよね。だから、**「そういう人もいますよね～」のノリで終わらせる**のが◎。また、「そういう悪口は言っちゃダメ」と、相手を変える必要もありません。

66

会議の重苦しい雰囲気を変えたいとき

NG：なんか、雰囲気悪くないですか？

OK：一度、休憩してもいいかもしれないですね。

point

ここでは「会議の雰囲気が悪い」というネガティブなことはあえて言わずに、**みんなの気持ちがリフレッシュできる提案**をしましょう。OK例のように言えば、気分転換もできてスッキリ！

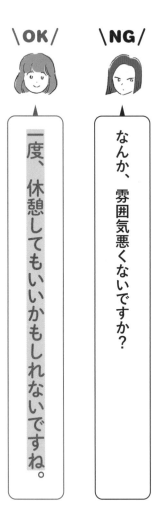

8

励ます♡

ああ、私って、なんでこうなんだろう……。
誰でもそうやって落ち込むことはありますよね。
そんな気持ちを察して、ちょっと声をかけてもらっただけで、
人は救われるもの。
さて、どんなタイミングでどんな言葉を伝えればいいのでしょう?

67

嫌なことがあって相手が落ち込んでいるとき

＼NG／

それは最悪ですね。

＼OK／

そんなことがあったんですね。私もそういうこと、あります。

＼OK／

（アドバイスを聞かれたら）私だったらこう考えるかな。

point

相手が落ち込んでいるときは、**アドバイスよりも共感を！** 相手から聞かれたときにはじめてアドバイスします。その際も「○○したほうがいい」と意見を押しつけるのではなく、**「私だったらこう考えるかな」と、自分のケースに置き換えて**答えましょう。

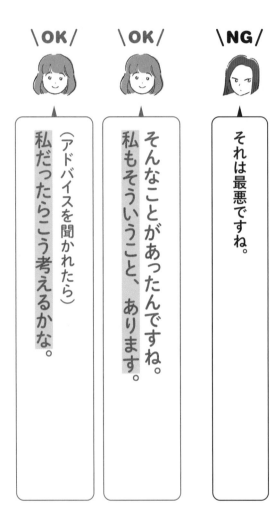

68 現状に不満がある人を励ましたいとき

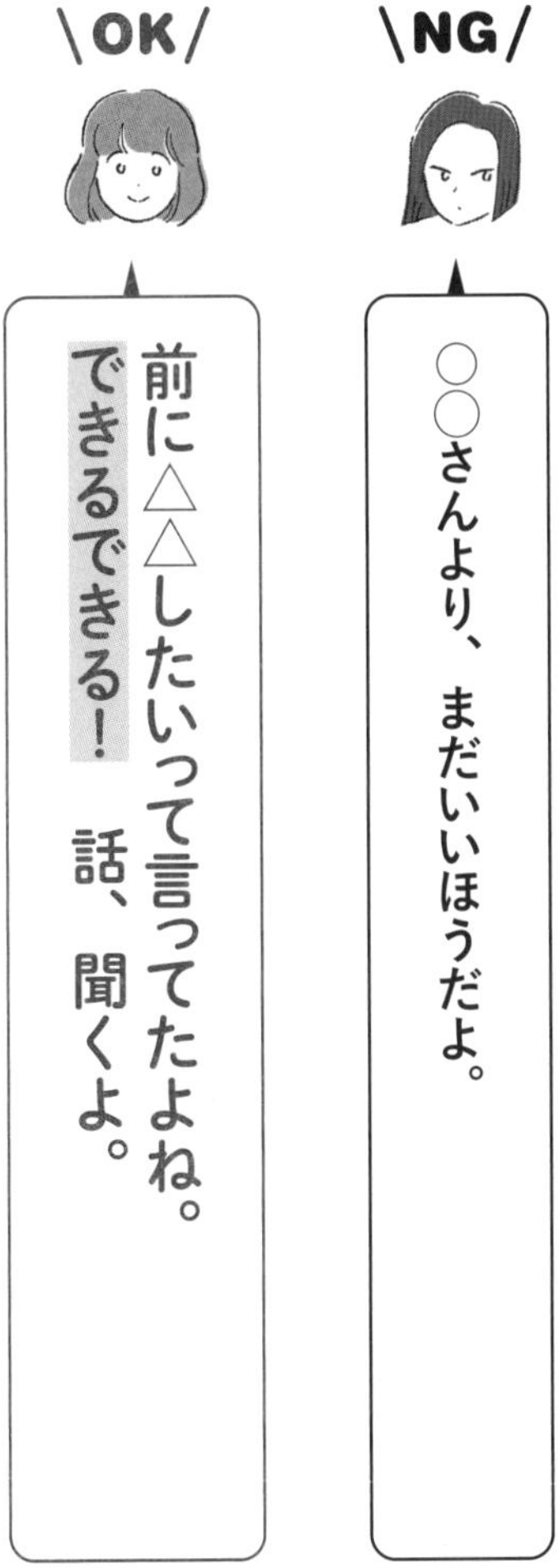
\NG/
○○さんより、まだいいほうだよ。
\OK/
前に△△したいって言ってたよね。
できるできる！　話、聞くよ。

point

現状に不満があるときは、他人と「比較」をすることで不満が倍増することも。それよりも、その人自身の未来に向けて**「前向きになれる言葉」を伝えて励ましましょう。**

69

仕事ができない部下に対して

\NG/

そんなこともできないの？

\OK/

わからないことがあれば、なんでも聞いてね。
こうやって進めると、もっとやりやすいかも！

point

仕事ができない部下を頭ごなしに責めるのはやめましょう。**まずは何でも相談してもらえる関係を築いて、**わからないことを1つずつ確認しながら、仕事を覚えていってもらえるといいですね。

70 アクシデントで驚いている人への声がけ

＼NG／

何してるんですか？

＼OK／

（相手が転んでしまったときなど）

ビックリしましたよね！

大丈夫ですか？

point

この場合、アクシデントに見舞われた本人が一番驚いて、戸惑いと恥ずかしさの中にいるはずなので、まずは**側にいる人がその気持ちに共感してあげると、相手も安心**します。ためらわず、声をかけてあげましょう。

9

友だちに言いにくいこと

ずっと親しくしてくれている大切な友だち。
でもだからこそ、相手が嫌な思いをしないように伝えるには、
どうしたらいいのか悩むこともありますね。
ここでは、友だちに言いにくいことを
サラッと伝える方法をご紹介します。

71 お金や物など貸したものを返してもらえていないとき

\NG/

あれ、いつになったら返してくれるの？

\OK/

前に△△のときに貸した
○○円なんだけど、
今返してもらっても大丈夫かな？

point

「次に会ったときに返してね」と言うのだと、次回までそのことをずっと抱えたまま、同じことをまた言わなければならなくなります。だからここはきっちりと、「今返してもらって大丈夫？」と、**柔らかいトーンで**伝えましょう。

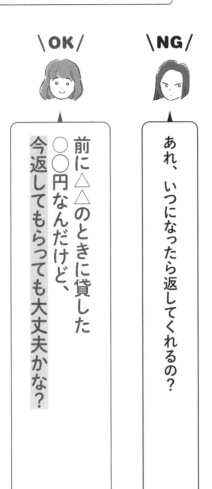

72

既読スルーの多い友人からの返信が次は早めにほしいとき

\NG/

全然連絡くれなかったよね。
もっと早く返信してほしい。

\OK/

わ〜！　お返事、待ってたよ。
ありがとう♡
心配していたから、もうちょっと早く
返信してくれると安心するな。

point

ここで友だちを責めるのは、わだかまりのもと。今返信してくれたことに対する「**感謝**」**と、これからのことに関する**「**提案**」を「○○してくれると嬉しい」という形で伝えましょう！

73

相手が話をしている途中でどうしても伝えたいことがあるとき

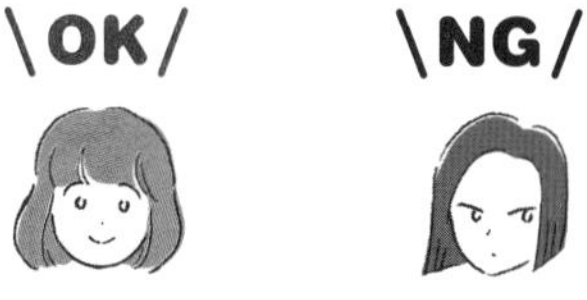

NG：そういえば、私も～（と、全部自分の話に持っていっちゃう）。

OK：ごめんね。今ちょっとだけ、話してもいい？

point

ここでは**伝えたいことだけをすぐに話しましょう**。終わったらすぐに会話のボールを返せば、相手も嫌な気持ちになりません。

74

話したいけれど自慢話になりそうで心配なとき

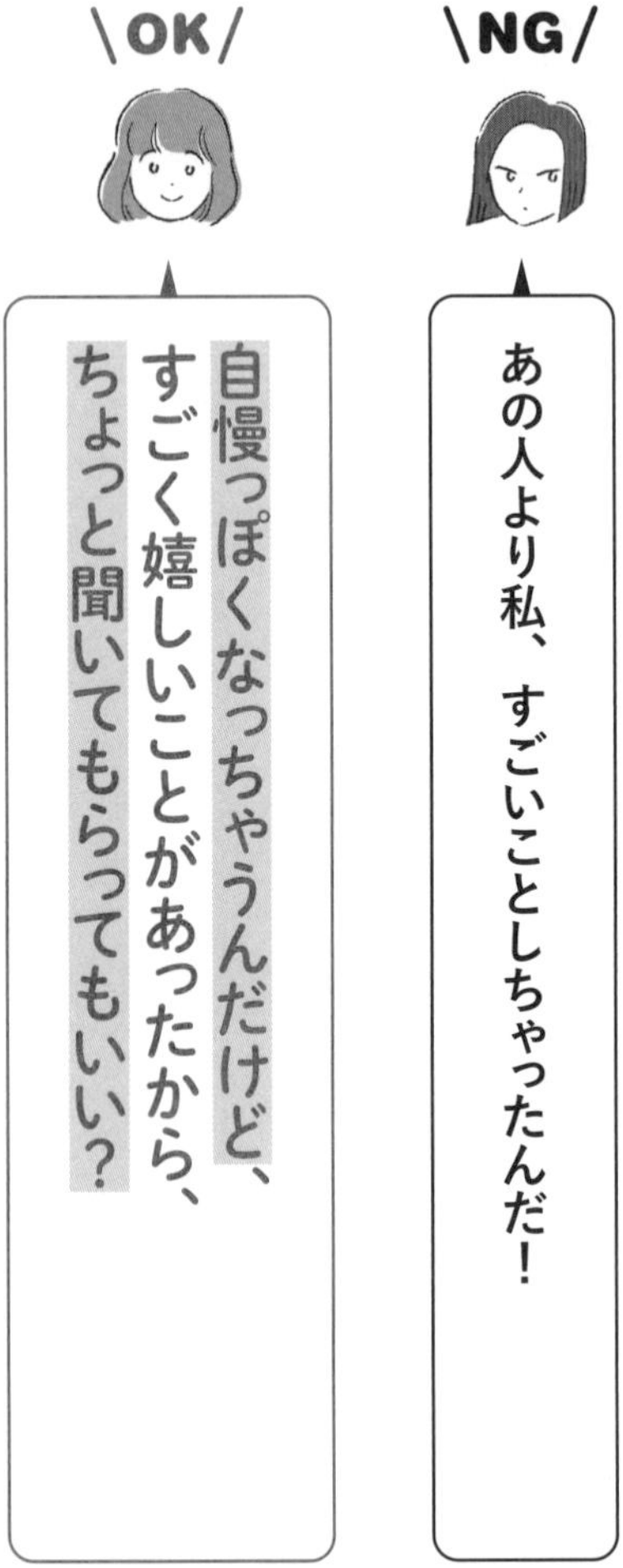
\NG/
あの人より私、すごいことしちゃったんだ！
\OK/
自慢っぽくなっちゃうんだけど、すごく嬉しいことがあったから、ちょっと聞いてもらってもいい？

point

事前に「自慢っぽくなっちゃうんだけど、ちょっと聞いてもらってもいい?」と**許可をとってから話す**と◎。ほかの人と比較して、マウントをとるような自慢話は鼻につきますが、**嬉しい出来事のシェアは、相手も嫌な気持ちになりません。**

75

迷惑がられずに何かをオススメしたいとき

\NG/

これ、オススメ！　絶対に使うべきだよ！

\OK/

これ、私も使ってるんだけど、めっちゃよかったんだ♡

point

友だちだからこそ、自分の意見を押しつけるように「絶対使って」と言うのはNGですね。「**自分はこう感じた**」**ということを柔らかく伝えれば、相手も興味を持ってくれる**はずです。

76

相手に言いにくいことを話し始めるとき

＼NG／

こんなこと言いたくないんだけど、
あなたのためを思って言うけど……。

＼OK／

私も△△だったからわかる！
でも、もしかしたら
余計なお世話かもしれないけれど、
△△なときは、◯◯のほうがいいかも。
私も以前そういうときに
こう対処したんだ。

point

「あなたのためを思って」は、恩着せがましく聞こえるのでNGワード。「わかる!」と**共感**から入って、「余計なお世話〜」でワンクッション入れ、**断定ではなく「のほうがいいかも」**と柔らかく伝えます。そして最後に**過去事例を紹介して親近感**を示しましょう。

77

友だちの愚痴を聞いていたら、その友だちのほうが悪いなと感じたとき

＼NG／

それは、あなたが悪いよ！

＼OK／

（友だちの愚痴の）**相手は、こういう考えだったのかもね。**

point

この場合は基本的に、「相手はこう思っていたのかも」という伝え方をして、「あなたが悪い」ということをわかってもらわなくてもいいと考えましょう。**「悪いこと」を指摘できる相手は、夫や子どもなど、本当に身近な人だけ**です。

10

パートナー（夫・恋人）・義実家に言いにくいこと

気心の知れた夫（恋人）だからこそ、
どんなに大事なことでもなかなか伝えられないことはあるもの。
ここでは、夫（恋人）・義実家に関する数多くのご相談のうち、
なかでもみなさんが「言いにくいこと」とあげた
8つの例をご紹介しましょう。

78 パートナーにやってほしいことがあるとき

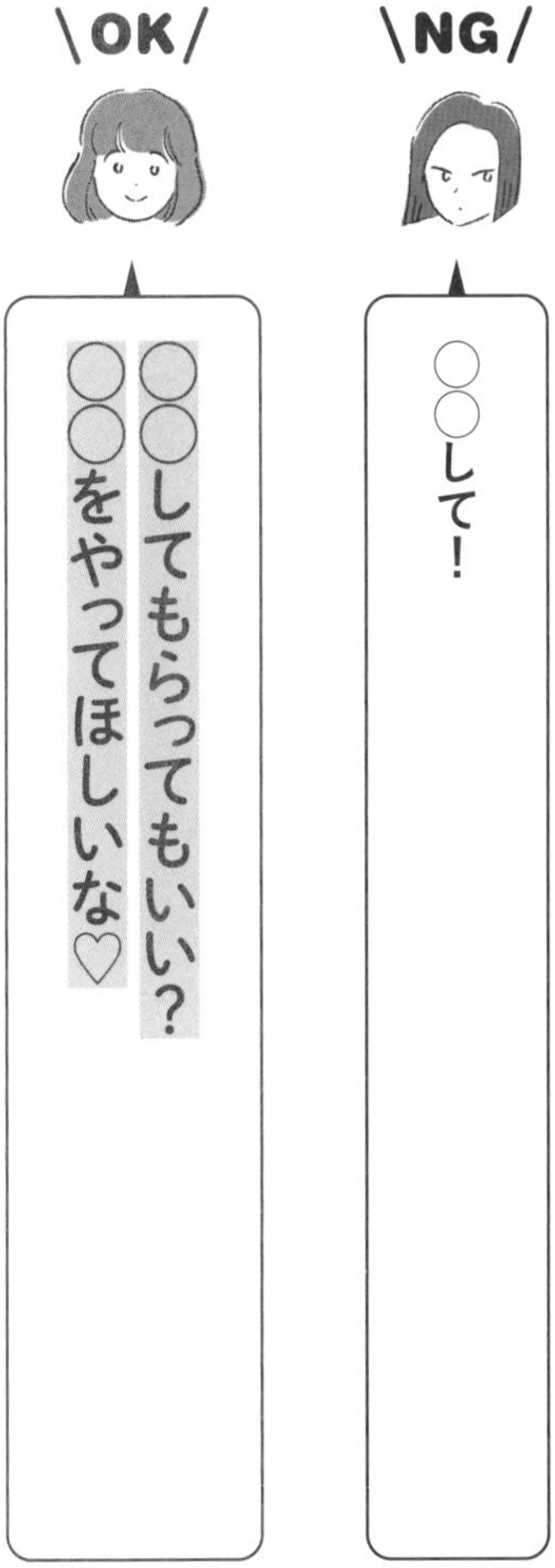

point

「◯◯して!」という言い方だと、相手に高圧的な印象を与えます。何かしてほしいことがあるときは、「◯◯してもらってもいい?」「◯◯やってほしいな♡」と**パートナーが手伝いたくなる言葉を使う**と◎。**相手がやってくれたら、「ありがとう」の感謝**ですね。

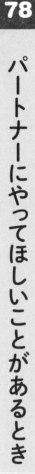

79

パートナーに直してほしいことを伝えるとき

クチャクチャ音を出して食べるのが嫌な場合

＼NG／

クチャクチャ音を立てないでよ！

＼OK／

そういえばこの前、私のまわりの女性たちが、「食べるときにクチャクチャ音を立てる人は嫌」って言ってた！もしかすると、気をつけたほうがいいかもだよね。外でそう思われちゃったら、損だもんね。

point

「私がどう思う」よりも**「まわりから見て、あなたがどう思われるか」**を伝えたほうが効果的な場合も。それをすることは**「あなたにとって損だ」**と伝えます。この例は食事のときのマナーですが、たとえば猫背、貧乏ゆすりなど、いろいろと応用できますね。

80

強い口調で怒るパートナーに優しく言ってほしいと伝えたいとき

＼NG／

なに、その言い方！
もうちょっと優しく伝えられないの？

＼OK／

そんなに怒って言われたら、
怖くてなんにも喋れなくなっちゃう。
もうちょっと優しく言ってほしいな♡

point

男性はプライドの生き物。こちらが何か不満があるときに、その怒りを恋人や夫に向けると、相手も倍以上の怒りのエネルギーで返してきますよね。だから、優しく話してもらいたかったら、**可愛くお願いするスタイルで話す**と、うまく伝わります。

81

パートナーにもっと連絡がほしいと伝えるとき

\NG/

なんでもっと連絡くれないの？

\OK/

寝る前に、「おやすみ」と連絡をくれるだけでも嬉しいな♡

point

男の人には「**こういうときに、こういう連絡をくれたら嬉しい**」と**具体的に**伝えます。たとえば「**仕事から帰ったら連絡してくれると嬉しいな**」とお願いする、「**どうやったら無理なく連絡できる？**」と聞くのも◎。実際に連絡をくれたら、「嬉しい♡」と喜ぼう！

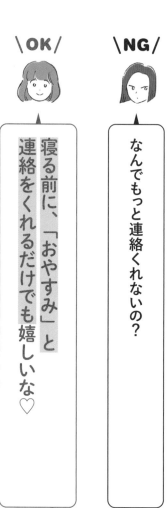

82

パートナーに「お金は私が管理したい」と伝えたいとき

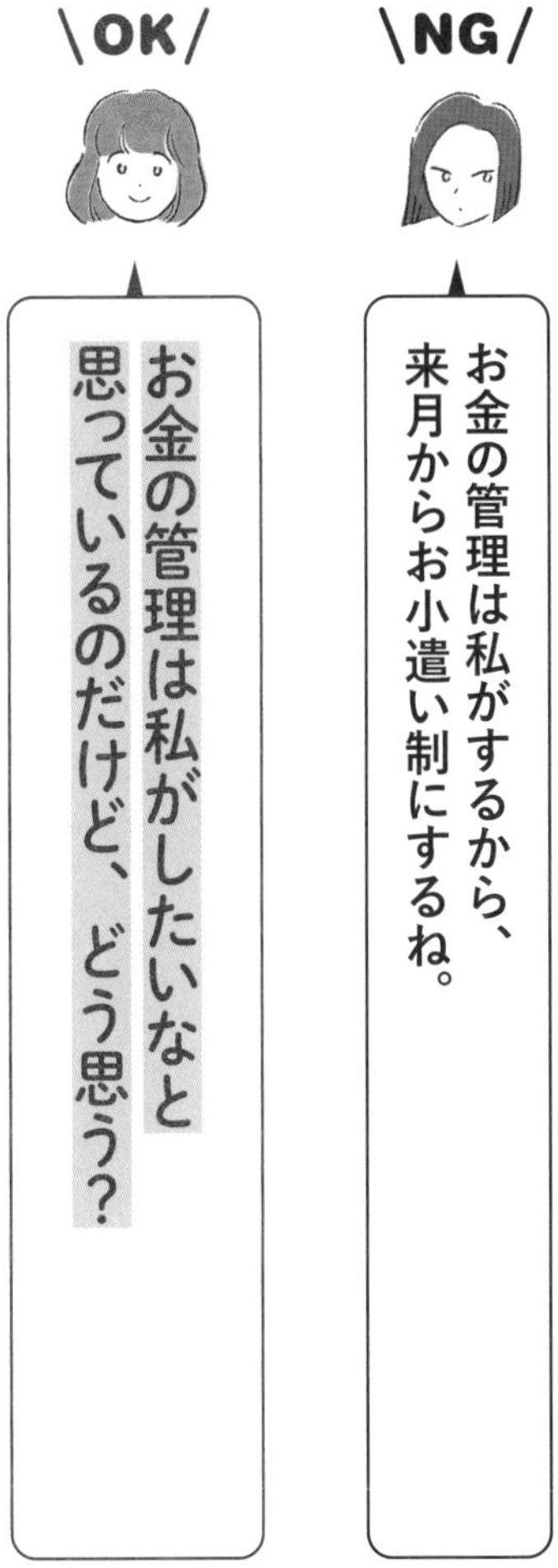
NG
お金の管理は私がするから、来月からお小遣い制にするね。
OK
お金の管理は私がしたいなと思っているのだけど、どう思う？

point

夫婦間でも「お金のことは話しにくい」という人は少なくないですが、ほかのことと同じように話し合えばいいですよね。「私はこう思っているけど、どう思う？」と**自分の意見を伝えた上で相手はどう思うのかを聞いて**、納得できる折衷案を出し合いましょう。

83

チャレンジしたいことを反対されたとき

\NG/

なんで私のことを応援してくれないの？

\OK/

（少し話してみて反応が悪かったら、あえてそれ以上は言わない）

point

家族でも、相手は価値観の違う他人。**すべて理解してもらおう、100％応援してもらおうとは思わないほうが楽**。家族の同意がないとチャレンジできないことであれば、まずはどんな情報を伝えたら前向きに検討してもらえるのかを考えましょう。**相手を納得させられる材料を集めるなど、事前準備をしっかりしてからロジカルに提案**します。

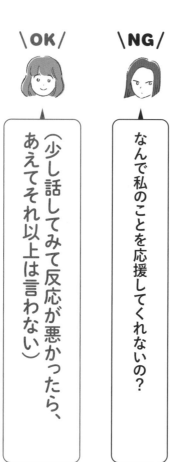

84

義実家からのプレゼント。いらないものが多くて困っているとき

＼NG／

もう、おもちゃのプレゼントはいらないです！

＼OK／

いつもありがとうございます。
とっても嬉しいです。
でも、今、部屋が狭いので、
プレゼントを置くスペースが
なくなってしまって……。

point

おもちゃだけでなく、洋服や家具など、いろいろなプレゼントがありますよね。義父母の気持ちを考えて、「プレゼントはいらない」と直接言うのではなく、**「なぜ、もうもらえないのか」という理由**を言ったほうが、納得できる答えとして柔らかく伝わります。

85

義実家から余計だと感じるアドバイスをされたとき

\NG/

それは必要ないと思います。

\OK/

ありがとうございます。勉強になります！　考えてみますね。

point

たとえそれが余計なアドバイスだと思ったとしても、相手は夫の両親。「勉強になります」と**相手を敬いつつ、感謝を伝えましょう。**

おわりに

ここまでお読みいただき、ありがとうございました。

思えば私はもともと、人との関係に常に悩みを抱えていました。そんな私が今、多くの人と仕事をしても「人間関係の悩みゼロ」と言えるのは、

●自分がどうしたいのかを明確にする

●伝え方を工夫する

ということをやってきた結果だと、改めて思います。

もちろん最初は、「余計なことを言ってしまったな」と後悔したり、「あの人、私のことが嫌いなのかも……」と、悩んだりすることもありました。でも、

●会話は一呼吸置いて

●悪気なく精一杯やって嫌われてしまったのなら仕方ない

ということをいつも念頭に置き、人との会話を進めてきたことで、自分を取り巻く環

境すべてがどんどん好転してきたと感じています。

「言霊」とよく言いますが、人が言葉を発するのは、やはり人との会話のときが大半ですね。だからこそ、普段の会話の中でも、自分が「こうしたい」と思う未来につながるエネルギーの言葉たちを発することは、望みどおりの人生をつくっていくことに必要不可欠なのだと思います。

起業家である私に「伝え方」の本を出すチャンスをくださった、編集者の大石さん、本当にありがとうございました。これまで長年お付き合いしてきた中で「よしみさんと仕事をして、嫌な気持ちになったことがない」と、この本を書かせてくださったことに感謝しかありません。

最後に、この本が、これからのあなたのまわりの「人間関係」はもちろん、「未来すべて」を最高のものにするためのアシストとなりますよう、心から願っています。

宮本　佳実

宮本佳実（みやもとよしみ）
起業家・セミナー講師・コンサルタント

1981年生まれ、愛知県出身。アパレル販売員、一般企業OL、約10年の司会者を経て起業。名古屋のスタイリングサロンを、ブログのみのブランディング集客で成長させる。その経験から「好きなことで起業する楽しさ」を伝えるコンサルティング活動を開始。女性の新しい働き方、生き方を提案する「ワークライフスタイリスト」を創設し、450名以上の講師を輩出。現在はサロン、講座、セミナー業務を組織化し、起業14期目で約30名のスタッフと2社を経営。女性起業家のプロデュースにも定評がある。自身は書籍や講演、SNS、ビジネスサロンを通して、考え方やスタイルを発信。コミュニケーションのあり方、言葉の選び方も多くの働く女性から支持され、著書は『可愛いままで年収1000万円』『もっと可愛いままで億ガール』など16冊以上。

どんな相手も味方になる
感じのよい伝え方

2023年10月31日　第1刷発行
2023年11月1日　第2刷発行

著　者　宮本佳実

発行者　徳留慶太郎

発行所　株式会社すばる舎
〒170-0013　東京都豊島区東池袋3-9-7 東池袋織本ビル
TEL　03-3981-8651（代表）　03-3981-0767（営業部）
FAX　03-3981-8638
https://www.subarusya.jp/

印　刷　ベクトル印刷株式会社

ISBN978-4-7991-1172-7